企業変革(CX)のリアル・ノウハウ

修羅場の経営改革ストーリー

Naonori Kimura
木村　尚敬
Ryuji Kojima
小島　隆史
Akira Tamaki
玉木　彰

PHP
Business Shinsho

PHPビジネス新書

はじめに――なぜ、会社は変わらないのか？

「CX」が必要な理由

「なぜ、会社は変わらないのか」

多くの人が抱いている疑問だと思う。

自らの事業がもはや落ち目だということはわかっている。あるいは、今はよくても将来じり貧になることは薄々感じている。悪くなる前に、何がしかの手を打ったほうがいいことも皆、心の中では気づいている。

多くの社内プロジェクトが立ち上がるのだが、そのほとんどが現状のやり方に少し手を加えたのみの小手先の改良や組織改編を繰り返し、結局、いつの間にか元に戻ってしまう。今度こそはと全社横断的に立ち上げた「改革プロジェクト」も空中分解し、なかったことにされてしまう。

そんなことが何度も繰り返され、誰もがいつの間にか「変われない」と諦めてしまう。

私たちもそんな会社を何社も見てきた。

本書のテーマであるＣＸとは「コーポレートトランスフォーメーション」の略だ。

多くの会社で取り組まれている経営改革は、既存ビジネスモデルの改善・改良、あるいは軌道修正にとどまることが一般的には多い。それに対してＣＸとは、時に既存のビジネスモデルを自ら積極的に破壊するといったような、非連続な変化を伴う成長に向けての企業変革を指す。

言うまでもないことだが、今も会社の屋台骨であるビジネスモデルを自ら捨て去るというのは、並大抵の覚悟では成し遂げることができない。

これがいわゆる企業再生フェイズに入った会社ならば、抜本的な荒療治を行わない限り復活の目はないため、ＣＸは比較的進めやすい。問題は、今はまだ危機が顕在化していないが、いずれ問題が起こる可能性が高いというような企業だ。

まだ危機が顕在化していない中、つまりまだ収益力がある段階では、この先どうなるかいろいろなシナリオが考えられ、「絶対にダメになる」と証明することは現実的ではない。そして、人は誰でも現状維持バイアスが働く。このような状況の中、変革を訴える人たちの意見はつぶされ、会社は変革のタイミングを逃してしまう。

一方、この段階でCXに踏み切ることで、自らのビジネスモデルを革新し、持続的な競争力をもつ会社・事業に生まれ変わることができた例も数多く存在する。私たちもそうした企業のCXのお手伝いを数多く行ってきた。

変革ができる企業とできない企業は何が違うのか。CXはどのように進めればいいのか。本書は我々の経験をもとに、CXのリアルなノウハウをお伝えしようという意図で執筆されたものだ。

二つのストーリーで描く「企業変革のリアル」

ただ、単にそのノウハウを解説ベースでお伝えするだけでは、どうしても無味乾燥なものになってしまう。

CXを進めようとすれば必然的に、社内ではさまざまな問題が起こり、数々の対立が生まれる。改革に無関心なトップ、動かない現場。そして、抵抗勢力はあの手この手で改革をつぶそうとしてくる。

こうした問題には、きれいごとだけではとうてい太刀打ちできない。むしろ、そうした対立や葛藤をどのように乗り越えていくのかこそが、CXのリアルであるとすらいえる。

どうすればそれを伝えることができるのか。考えた結果として「ドラマ仕立て」という形式を取ることにした。

実際に今まで我々が見てきた、あるいはお手伝いをしてきたCX事例をモデルに（もちろん、内容は大幅に変更してある）、そこであったさまざまな人間模様や壁、課題……などを物語として伝えることで、CXをよりリアルに理解してもらえるのではないか。いや、この形式なくしてCXの神髄は伝えられないのではないか。

こうして生まれたのが本書の二つのストーリーだ。一つは、業界がじり貧に陥る中、それでもなかなか変わることのできない「ゆでガエル」状態の大企業。そしてもう一つは、ワンマン社長に振り回される地方の中小企業。

なにぶん慣れない中で苦労したが、ニューヨークで映画のストーリー作りを本格的に学んだライターの方や、小説のプロの編集者の方のご助力をいただきながら、かなりリアルなストーリーができたと自負している。

本書が「会社を変えたい」という皆さんのお役に立つことを願っている。

目次◉企業変革（CX）のリアル・ノウハウ

第2部◉ワンマン企業を「普通」の会社に
――地方中小企業のCX

CXのリアル・ノウハウ7

「可視化」の具体的方法

CXのリアル・ノウハウ8

希望退職について …… 199

第3部◉会社を変える、会社が変わる

編集協力◆山口雅之
図表作成◆齋藤　稔

第1部

「斜陽産業」からの脱出

――伝統ある大企業のＣＸ

1　衰退業種の悲哀

　夕食のあと、いつものようにニュース番組にチャンネルを合わせると、子どものころからよく知っているデパートのアップが映し出されていた。１０００人規模の人員削減を行うと、社長が発表したらしい。

「お父さんの会社は大丈夫なの」

　突然、後ろから娘の沙代に声をかけられ、石原拓海はドキリとした。

「なんだ、大丈夫って？」

「出版も不況業種なんでしょ。今日、大学のキャリアの授業で教わったんだ。本や雑誌って売れてないんだってね」

「まあ、心配するな。活字文化はそう簡単になくなりはしないさ。小さいところは厳しいかもしれんが、そりゃこの時代、どこの業種も一緒だ」

「トゥービッグ、トゥーフェイルってやつ？　でも、あのデパートも大手でしょ」

　そう言いながら沙代は冷蔵庫から飲み物を取り出すと部屋を出て、ドタドタと階段を上っていった。

出版は不況業種、そのとおりだ。

石原も冷蔵庫から缶ビールを取り出し蓋を開けると、そのまま一気にあおった。

営業から経営企画部に移って５年。会社全体の経営数字を見る立場になってから石原は、出版がまごうかたなき不況業種であるという現実を日々、突きつけられていた。

石原が新卒で入社した１９９０年代まで、出版は日本の花形産業だった。ところが、この業界はその後のデジタル化の波に、完全に乗り遅れる。

気がつけば、スマートフォンに慣れた若者たちは、それまで本や雑誌に費やしていた時間を、インターネットやＳＮＳに使うようになっていた。

紙の出版物の売上は、96年をピークに毎年減少の一途をたどり、今では全盛期の半分にまで落ち込んでいる。ここ数年で、経営基盤の弱い中堅中小の出版社が何社か倒産した。

石原の勤める大昭和出版は創業以来１００年を超える老舗出版社。業界でも五本の指に入る大手だけあって、財務状態にはまだ余裕があるが、それでも安穏としていられる状況ではない。経費削減などでなんとか利益こそ出してはいるものの、もう20年以上業績は横這いが続いている。

特にひどいのが雑誌の落ち込み。かつては『ビジネスジャパン』というビジネス誌が会社のドル箱で、かなりの利益を稼ぎ出してくれていた。それが、2000年代に入ってしばらく経ったころから、徐々に販売部数が下降し、最近では最盛期の半分以下となっている。それでも会社の看板だからとページを削減し、部数を縮小しながらなんとか延命を図っているが、はっきりいって風前の灯《ともしび》だ。

書籍もまた右へ倣《なら》え。ミリオンセラーなどもう何年も出ていない。

出版不況が言われ始めたころは石原はまだ、いくらなんでも自分が定年を迎えるまでに、会社が傾くなんてことになるはずがないと高をくくっていた。だが、今のところ本や雑誌の売上減に歯止めがかかる気配はない。あわてて始めた電子出版も、紙のマイナスを補うにはまだまだ力不足だ。

このままいけばそう遠くないうちに、大昭和出版は赤字に転落する。

そうしたら、会社はどうする?

石原が部長を務める経営企画部は経営陣と距離が近い。だが、石原の目には、今の経営陣が危機感を抱いているようには見えない。石原が知っているような経営数字は、全員が共有しているはずなのに、それでもだ。

石原の頭には人柄と調整能力だけで社長になったと噂されている、宮本耕造社長の穏やかな顔が浮かんだ。

この社長に危機に立ち向かう胆力やアイデアがあるとは、石原にはどうしても思えなかった。

さすがに社長だって、これまでのビジネスモデルが通用しなくなってきていることぐらい気づいているだろう。それでも、自分が社長でいる間くらいならなんとかもつと思っているのではないだろうか。たぶん、ほかの役員連中もみんなそうだ。

だから、新規事業を立ち上げて新たな収益機会を作ろうといった発想が出てこないのだ。

そうなると、奴らが考えるのはただ一つ。リストラだ。社員数を減らして最大の固定費である人件費を圧縮すれば、何の工夫をしなくても、現在のビジネスモデルを数年は延命することができるからだ。

終身雇用が当たり前だったひと昔前は、経営が苦しいからと社員を解雇などしようものなら、その企業は社会からいっせいにバッシングを受けた。

だが、バブルが崩壊するともう背に腹は代えられぬと、日本を代表する大手家電メーカーなどが、早期退職の名目で千人規模の人員削減をいっせいに始めた。そして、いつしか世間もそれに慣れてしまった。

今はどこの会社も、リストラを躊躇することはなくなった。むしろ、リストラを断行することで株価が上がるくらいだ。

石原の缶ビールはすでに3本目になっていた。

酔いが回るにつれ理性の歯止めが緩くなった石原の思考は、どんどんネガティブに振れていく。

会社は年輩の給料の高い人間こそ辞めさせたいはずだ。そうなると今年48歳になる自分は、もろにターゲットということになる。でも、辞めてどうする。若い営業パーソンや編集者ならともかく、同業他社で50近くの管理職を採用してくれるところなどありはしない。

かといって今さら未経験の職に就いたら収入はガクッと減るだろう。もちろん、辞めれば多少上乗せされた退職金を手にすることはできるはずだ。でも、家のローンや子どもたちの学費と天秤にかけたら、明らかに割に合わない。

結局、会社にしがみつくしかないのか。

だとしても、社内に俺の居場所はあるのだろうか。

「今日はずいぶん飲むのね。何かいいことあったのかしら」

風呂から上がって部屋に戻った妻の洋子が、テーブルの空き缶を見て石原にそう声をかけた。

「まだ飲む？　あたしもつきあおうかな」

「いや、明日も早いしもう寝るよ。おやすみ」

今夜は一緒に飲んだら愚痴しか出てこないのはわかっている。

石原は立ち上がると、点けっ放しだったテレビを消した。

2　いつもと違う中期経営計画

「石原君、君が中心となって中計をとりまとめてくれないか」

翌朝、石原は出社するとすぐに上司の島肇経営企画本部長に呼ばれ、こう言われた。

大昭和出版では、数年前から3年ごとに中期経営計画、いわゆる「中計」を作っている。会社の業績が右肩上がりだったころはそんなものはなかった。出版不況で本が売れなくなって、それまでのように毎年同じことをやっていればいいというわけにもいかなくなり、あわてて作り始めたのだ。

といっても、そこに新時代に向けての経営刷新という要素はほとんどなく、単に、「現在、売上は低迷していますがちゃんと先のことを考えているから大丈夫ですよ」という、対外向けの言い訳のようなものに毎回なっている。

中期経営計画の策定は、経営企画部の仕事だ。これまでは本部長である島がプロジェクト・リーダーを務めていた。今回はその役目を石原に任せるというのだ。

「中計っていってもウチのはそんなに大変じゃないからさ。前回の3年前に僕が作ったやつがあるじゃない。さすがにあのまんまじゃまずいけど、基本線はあんな感じで。あとは数字をやりくりして、うまく利益が出るようにしてくれればね。銀行にも見せるからさ。じゃ、頼んだよ」

いかにも、会社の保守本流を無難に歩んできた「調整型」の島らしい話の進め方だった。

石原は自分の机に戻ると、腕を組み考え込んだ。

たぶん、島さんの言うように、中身は前回とまったく同じで、数字だけ入れ替えて作っても、役員連中は誰も気づかないだろう。奴らにとって大事なのは、中計を作ったという事実だけなのだ。

だったら体裁だけ整えてさっさと終わらせるか。

昨日までの石原だったらきっと、そうしていただろう。だが、今日の彼の頭の中には、昨夜の余韻《よいん》がまだ残っていた。

入社以来、営業一本で約20年過ごしてきた石原にとって、5年前の経営企画部への異動は寝耳に水だった。期待の表れだと言ってくれる人もいたが、本人は営業として伸びしろがないと判断されたのだと理解していた。

あれから5年。経営企画部の仕事には慣れたが、確たる実績を残せたわけでもない。一方、営業に戻ろうにも、すでに自分より若い世代が台頭している。転職しようにも、5年も営業現場から離れてしまった自分が、いい条件で転職できるとも思えなかった。

泥船なのに逃げ出すこともできないのなら、いっちょ勝負してみるか。

「ちょっといいか」

石原は立ち上がると、部下の本村美咲と黒川勇樹に声をかけ、会議室に向かった。

3 「この10年、何か変わったのか？」

「経営企画部で次の中期経営計画を作るのだが、今回は俺がリーダーを任された。今までのような形だけではなく、本当に実のあるものにしようと思っている。それで、君ら二人に手伝ってほしいんだ」

会議室のホワイトボードの前に立ち、いつもより少々テンション高めで事情を説明する石原を、本村と黒川は怪訝《けげん》な目で見つめている。

「あの、実のあるものっていうのは、どういう意味でしょう」

二人の中では先輩に当たる本村が先に口を開いた。発想が少し堅苦しすぎるところがあるが、極めて優秀な社員として石原も大いに買っている部下だ。

「本村さん、君は入社何年目だっけ？」

「ちょうど10年です」

「10年か。10年前と比べてウチの会社はどうだ。何か変わったか？」

「さあ、特には」

「変わってないか。変わってないけど売上は落ちている、雑誌も書籍も」

「はい」

「大丈夫か、このままで？」

「え？」

「まだ何十年も働くんだろ。このままで会社はいいのか。変わらなくていいのか」

「それは……このままじゃまずいとは思いますけど」

「じゃあどうする、何を変える？」

「急に言われても」

「やっぱ、デジタル化ですかね。あとはＤＸで業務をどんどん効率化するとか」

入社3年目の黒川が助け船を出す。ジャケット着用が暗黙の了解のこの会社でも極めてラフな格好を貫く黒川は、本村と好対照だ。石原は正直、打合せに資料もノートも持たず、タブレットだけ抱えて入ってくる黒川の、今どきの若者のスタイルにどうもなじめなかったのだが、今は逆に、いかにもデジタルオタクらしい彼の発言がたのもしかった。

「そうだ、そういうことだ。これまでの中計では、そういう新しい視点はきれいごとのキャッチコピーに過ぎなかった。俺は、これまでのビジネスモデルの微調整では、もう会社はもたないと思っている。つぶれはしなくてもジリ貧だ。だから、今回の中計には、ドラスティックな改革案を盛り込もうと思っている」

本村も黒川も、まさかそんな過激な言葉が石原の口から出てくるとは予想していなかったのだろう。二人ともキツネにつままれたような表情を浮かべている。

しばらく沈黙が続いたあとに、黒川が口を開いた。

「それで、僕たちは何をすればいいのですか」

「さっき君が言ったような新しい発想やアイデアをまとめてほしいんだ。できればほかの部署の若手にも声をかけて、いろいろ聞いてみてくれ。今度の中計は、それをベースに作りたい」

出版不況が言われ始めたころは、改革が必要だという声が社内のあちこちから聞こえてきたが、会社が何もしようとしないとわかると、そういう問題意識を持った社員は次々と会社を去っていった。

残っている中堅以上の社員は、このままでいい、変わる必要はないと思っている。あるいは、そう自分に言い聞かせている。過去の成功体験と変化することへの諦めが、彼らの意識を縛りつけている。

しかし、業績が翳《かげ》り始めてから入社してきた若手は、現在のビジネスモデルでの成功体験がない分、会社や業界の常識に縛られない自由な発想ができるはずなのだ。それを引き出して経営陣に突きつければ、必ず改革はできる。

石原は、そんな自分の思いを確かに伝えた気でいた。

ただ、本村と黒川の不安そうな表情を見ると、それがどこまで理解されているか不安でもあった。

4　会社を抜本的に変える

銀座の裏通りにある古い雑居ビルの地下で、戦前から営業を続けている老舗のバー「アルセーヌ」。

その扉を石原が開けると、南条修一郎はすでにカウンターの隅に陣取り、手酌でビールを飲んでいた。

「遅いぞ、石原」

「5分前だ。お前だろ、早いのは」

「相手を待たせないのはコンサルの基本だ」

石原と南条は大学のテニスサークルで、4年間一緒に汗を流した仲だ。

振る舞いが都会的で話術も巧みな南条は、テニスもうまく、常にサークルの中心的存在だった。

だが、大学を卒業すると、なぜか南条はサークル仲間の集まりに顔を出さなくなっていった。一度、誰かから「南条は就職した経営コンサルティングファームの仕事が忙しく、寝る時間もないらしい」と聞いたことがあったが、それ以上の情報はなく、会う機会のないまま何年も過ぎていった。

　ところが5年ほど前、その南条が突然、会社に石原を訪ねてきた。自分のクライアントが本を出したいというので、誰か出版社に伝手がないか調べていたら、偶然石原がヒットしたのだという。

　その後、石原の尽力もあって本ができあがると、そこからまたつき合いが始まった。

　出版業界しか知らない石原と違い、南条はさまざまな業界の情報を持っていた。しかもそれは新聞などで仕入れた単なる知識ではなく、直接現場に足を運び、自分で確認した鮮度の高い情報だから役に立つし、面白くないはずがない。

　それで、しばしば情報交換と称して一緒に飲むようになったというわけだ。

「で、何、相談ってのは。内容によってはコンサルタント料が発生しちゃうよ」

「まあ、とりあえず今夜はここ、おごるから」

　石原は自分もビールを頼むと、鞄からファイルを取り出しカウンターの上に置いた。表紙には『中期経営計画用フラッシュアイデア』と書かれている。

　本村と黒川が石原の依頼を受け、1カ月かけてまとめあげたものだ。いろいろな部署で聞いた話をパワーポイントで整理してきれいに仕上げてある。

「中期経営計画？」

南条がファイルに目を落とす。

「次の中計の責任者にされちまったんだ。それで、どうせなら会社改革につながるくらいインパクトのあるやつを作ってやろうと、ウチの部の若手にアイデアを集めさせたのがこれ。この中で中計に活かせそうなのがあれば教えてほしいんだけど」

「無理だな。以上、終わり」

南条はざっと目を通しただけですぐにファイルを閉じると、2本目のビールを注文した。

「おいおい、ちょっと待ってくれよ。これだけ案が出てるんだから、一つくらいモノになりそうなものだってあるだろ」

「現状の改善案だけいくら集めても会社は変わらんよ。特にお前の業界はな」

「変わらないと、いや、変えないとダメなんだ」

石原は自分の感じている危機感、そして、今回、中期経営計画を任されたというまさに千載一遇の幸運を活かして、役員連中が腰を抜かすような抜本的な会社改革案を作り上げたいのだという思いを、切々と語り始めた。

「時代の要請にこたえられない会社は、静かに市場から退出していくのも自然の摂理だと思うんだけど、どうしても抗《あらが》いたいというのなら、それはもうＣＸしかないな」

「ＣＸ？」

「コーポレートトランスフォーメーション。企業を根本から作り変えるんだ。それは主要なビジネスモデルはもちろん、会社の組織から価値観や文化まで変えることを意味する。もちろん血も流れる。石原にそこまでの覚悟があるのなら手伝ってもいいぞ」

南条はこれまで見たことがないような真剣な顔で、石原の目をじっと見た。

「望むところだ。俺には、もう逃げ場はないんだ」

石原も目をそらさなかった。

そもそもCXとは何か？

単なる経営改革と何が違うのか？

一般に「会社を変える」というと、「経営改革」という言葉を思い浮かべる人が多いだろう。しかし、企業変革を意味するコーポレートトランスフォーメーション（CX）は、単なる経営改革とは異なる。それどころか、対立する概念ですらある。

これについては、チャールズ・オライリーとマイケル・タッシュマンが著書『両利きの経営』（邦訳、東洋経済新報社）で提唱した「深化」と「探索」の概念に照らすとわかりやすい。

経営改革は、多くの場合、企業の既存ビジネスモデルによる成長を加速させたり、変えるにしても軌道修正させたりするに留まる。これは、既存事業に関わる知の「深化」であり、別の言い方をすれば、事業成長 Grow Your Business（GYB）となる。

これに対し、コーポレートトランスフォーメーション（CX）とは、既存の収益構造

図1 ■経営改革とCXの違い

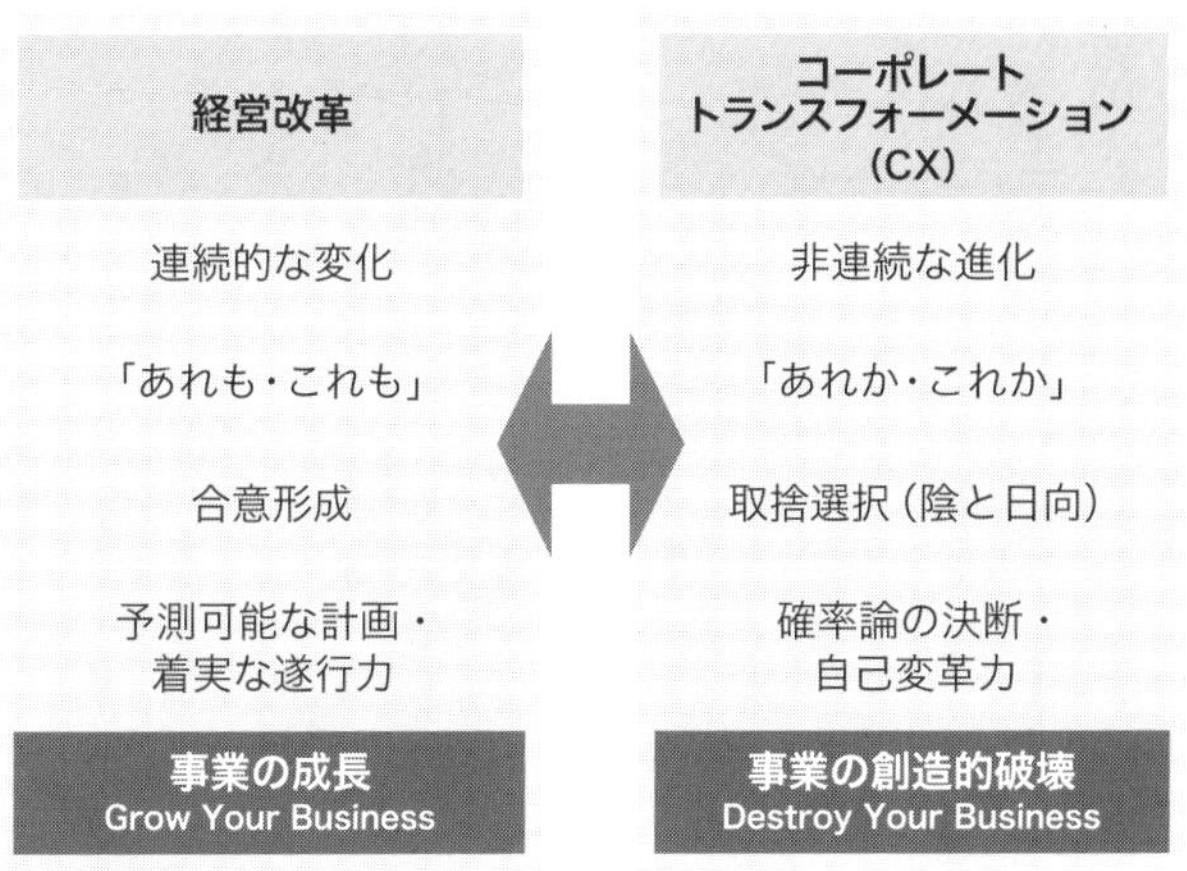

（ビジネスモデル）を自ら積極的に破壊する、非連続な成長に向けた企業変革を指す。すなわち、新規事業に関わる知の「探索」であるだけでなく、それが既存事業と共食い（カニバリゼーション）する場合が多いため、その場合には既存事業の破壊すらいとわない改革を指す。これを、事業破壊Destroy Your Business（DYB）と呼ぶ。

一度経営危機を迎え、再生フェイズにある企業であれば、こうした事業破壊——既存ビジネスモデルの転換に対する合意は容易に取りつけることができる。しかし、そうでない企業の場合、これが非常に難しい。今日の多くの日本企業は、衰退しつつある収穫期の事業を屋台骨としているからだ。

日本の上場企業のうち過半数は、投資回収が進んだ実質無借金の財務状況になっている。こうした企業で事業ポートフォリオ・マネジメント（成長性と収益性で事業を分析し、最適な経営資源配分を判断するための経営手法）の図を描くと、いわゆる「花形」（スター。高収益を上げており、成長もしている分野）の事業が存在せず、ほぼ「金のなる木」（収益性は高いが、成長性は低い）分野ばかりになっている。しかも、その多くは「負け犬」（収益性が低く、成長性も低い）事業になりかけているといった状況だ。それに加えてごく小さなうだつの上がらない「問題児」（成長性はあるが、収益性が低い）事業が存在するというケースがほとんどである。

つまり、古い顧客に従来と変わらない商品・サービスを提供し続けており、投資が必要ないために儲かってはいるのだが、長期的な将来像が見えないままジリ貧に陥っているという構図である。

CXあるある　やたらと「収益性」の基準が低い

ちなみにこうした企業の社内資料では、横軸の左右（つまり、収益性）を分ける基準が

図2 偽りの事業ポートフォリオ

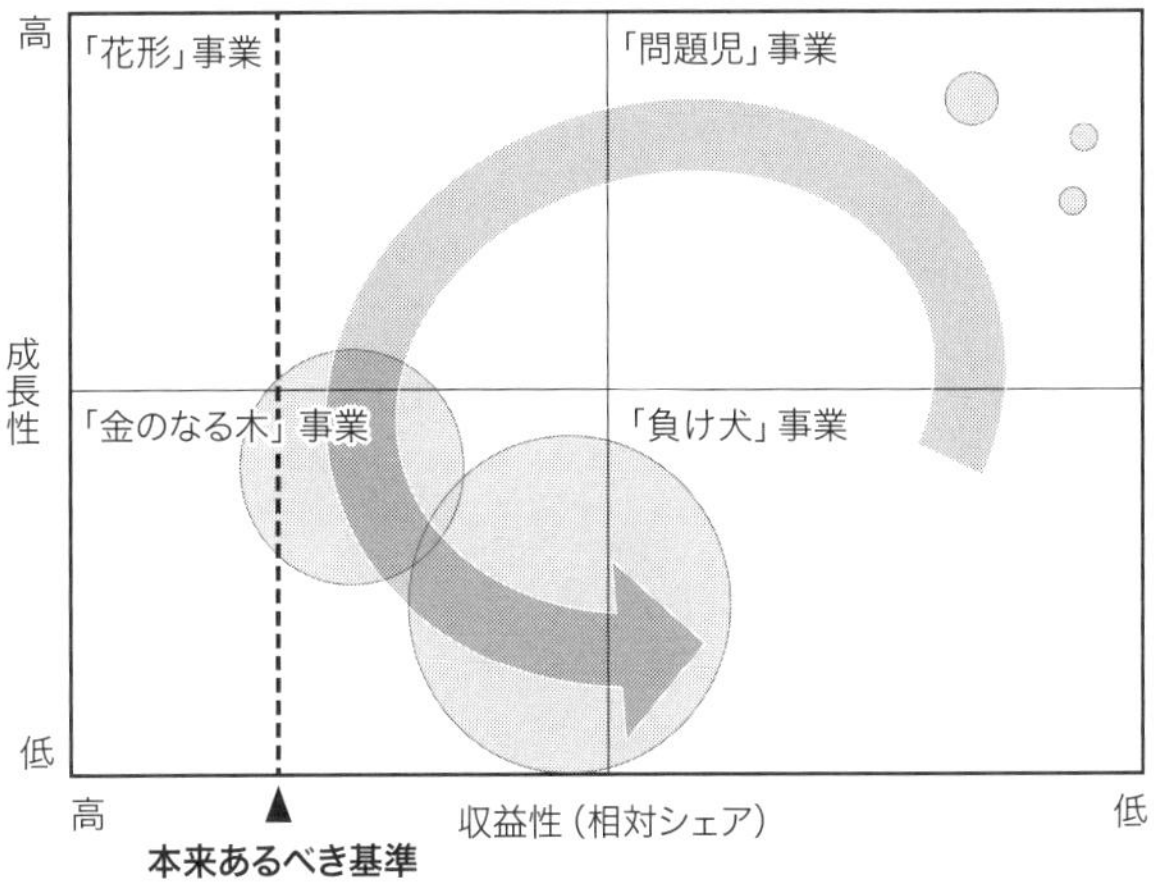

著しく低く設定されていて、「負け犬」事業があたかも「金のなる木」事業であるかのように偽った図表がまかり通っていることが常である（図2参照）。

このような状況下で、特に伝統的な大企業が企業変革の決断をすることは極めて困難である。多くの場合、社内外のさまざまな利害関係者から、「会社の屋台骨を壊すのか？」「まだ儲かっているのに撤退するのか？」「本当に将来性がないと言い切れるのか？」等々といった有難迷惑なアドバイスが入ることで、決断が先延ばしにされる。その結果、誰がどう考えても手遅れの段階になって初めて、意思決定がなされることになる。

というのも、もはや撤退以外に選択肢がない段階まで待てば、誰からの批判も受けずにすむため、意思決定の責任も重圧もなくなるからである。こうした手詰まり事業をどうにも始末が負えなくなってからようやく締めて、「在庫一掃型」のリストラを景気変動に合わせて行うことが常態化しているような、意思決定力に欠ける企業もよく見かける。

CXあるある　よくある反対論

撤退への反対と同様に、新事業への懐疑論もしばしば聞かれる。既存事業の確実性に比べ、新規事業は不確実だからである。

しかし、未来に向けた意思決定をする際に、完全情報を持てないのは当然である。逆に、皆が同意できる完全情報を手に入れた時点で意思決定をしても、ビジネスとしては手遅れ（企業の利潤はゼロ）であることは、ミクロ経済の基礎で習うとおりだ。

変革の局面では、「新規事業は１００％成功するのか？」「今まだ稼げていない事業モデルに社運は賭けられない」「不確実な変革で会社をリスクにさらすのは無責任だ」等々、懸念や弊害の指摘を装った現状維持の意見がよく聞かれる。本書でこうしたあるあるを共有する理由は、読者諸賢が実務でそうした意見に直面した際に備え、あらかじめ「敵を知って」おいていただくためである。

なお、逃げ口上と言い訳が支配する組織風土の中で改革を行う場合、守旧派の逃げ道をふさいでおく必要がある。そのためには、経営トップのガバナンスから最前線の現場KPI（重要経営管理指標）まで、ワンセットで変えることが不可欠である。

事業戦略（方針）だけ変えても、人事制度（評価処遇）が変わらないと新しい戦略へのインセンティブがない。組織（上司）が変わらないと、部分最適な忖度《そんたく》をしてしまう。KPIが取れない・変わらないと現場が動かない。何より、企業統治（ガバナンス）が変わらないと、経営陣が企業の長期的成長に向けて改革を推進する本気度が生まれない。

つまり、成功するコーポレートトランスフォーメーションでは、上記すべてを連携させながら段階的に進める必要がある。

再生局面ではない平時に、こうした痛みを伴う全社構造改革をいかに進めるかが、本書の主題であり、石原と南条の腕の見せ所ということになる。

図3 ワンセットのCX全体像（大昭和出版の例）

	Before	After
事業戦略（戦い方）	・既存事業の収益性が低下（とはいえ依然として最大の稼ぎ頭）する一方、新規事業は売上・利益とも伸び悩んだまま停滞	・新規事業領域への大胆なリソースシフトにより、事業の新陳代謝が加速化
組織（責任・権限）	・単一事業を前提とした機能別組織のため、事業垂直統合での実態把握も意思決定も困難	・機能別組織を事業別組織に組み換え、事業責任者がバリューチェーン垂直統合の権限を保有
人材・人事制度	・新卒一括採用で単一の人事制度（キャリアステップ）で異動 ・上位者であるほど機能専門化するので事業に弱い	・各事業におけるプロ人材が、中途採用も含め多様な背景から集結
経営インフラ（管理指標・会議体）	・収益性は、配賦の共通費が大きく影響。そのため、事業の業績や施策の費用対効果がブラックボックス	・組織の責任権限に合致したKPIを定義 ・各部署の業績貢献が月次のダッシュボードで見える化
企業統治（ガバナンス）	・政策保有株式の相手先が既存事業の利害関係者であるため、業績・事業再編・資本効率のすべてに悪影響	・経営と執行が分離 ・政策保有株式を受益部署のB/Sに載せ、ROIC管理をすることで取捨選択を促す

5 「CX」でなければならない理由

西日の差す会議室のホワイトボードに大きく〝CX〟と書くと、石原は最前列に座る二人の部下、本村と黒川のほうに向き直った。

「CX？ なんのことですか」

黒川が首をひねりながら尋ねる。

「本村さんはわかる？」

「わかりません」

それはそうだろう、わかってたまるかと、石原の表情は少しばかり自慢気だ。

例の会合のあと、石原は翌日も南条とアルセーヌで会い、CXのレクチャーを受けた。さらに南条が持参した資料と本で、週末をかけて勉強したのだ。にわかという点では正面の若手二人と大差はないが、そこは年の功、そんなことはおくびにも出さず、さも以前から熟知しているような顔で続ける。

「CXというのは『コーポレートトランスフォーメーション』のことだ。コーポレートのトランスフォーメーション、つまり、会社の変革だ。俺が中計でやろうとしているのはこのCXなんだ」

そう言うと、石原は机に置かれたファイルを手に取る。

「今回、二人には1カ月かけて、いろいろな部署が抱える課題とそれを解決するアイデアをまとめてもらった。よくがんばって作ってくれた。黒川君、どうだ、大変だったか」

「各部署を回って同期から課題を聞き出すのはそんなに大変じゃなかったです。ただ、課題といっても単なる不平不満にすぎないものや、改めようがないようなものもけっこうありました」

「本村さんはどうだ」

「私はすごく勉強になりました。たとえば、『英語圏向けの出版物を増やせばマーケットが一気に広がるから、社内の公用語を英語にして英語学習には会社が補助金を出す』というのは面白いアイデアだし、実現したら私も絶対に利用してみたいです」

「でも本村さん、それだったら社内の公用語を英語なんかにしなくても、海外の優秀なエージェントと契約して、『ハリー・ポッター』みたいに世界規模でヒットしそうな小説の版権を早めに押さえる体制を作るほうが現実的じゃないですか」

「だから、これは私の意見じゃなくて、編集部の山田さんが言ってたの」

年下の黒川につっこまれ、本村は口をとがらせる。

「わかったわかった、問題はそこじゃないんだ」

石原はいったん二人のやりとりを収束させる。

「本村さん、英語の公用語化はともかく、英語の本を作って海外市場で販売するというのを主力事業にしたら、現在落ち込んでいる売上をV字回復させることができると思うか？」

「それは、時間はかかると思いますけど……」

「無理ですよ。ノウハウも販売網もないのに。だいたい国内で売れないから海外なんて発想が安易すぎます」

歯に衣着《きぬ》せぬ黒川が口を出す。本村もムキになって言い返す。

「そんなのやってみなければわからないじゃない。じゃあ、黒川君は何もやらないでどうやって会社を変えようっていうの？」

石原は何か言いたそうな黒川を制し、冷静さを保つよう自分に言い聞かせながら、本題に入っていった。

「実は、最初は俺も現場の声から課題を見つけて、それを端から解決していけば改革できる、会社は生まれ変われると思っていたんだ。だが、君たちに作ってもらったファイルを読んでいるうちに、だんだん考え方が変わってきた。ここに書かれている課題をすべて解決しても、また新たな課題が出てくるだけなんじゃないだろうかってな」

「結局、僕らがやったことは無駄だったってことですか？」

黒川が不機嫌そうな顔で言う。

「そんなことはない。君らが会社に課題が山積していることを明らかにしてくれたから、こうして次に進むことができたんだ」

「でも、会社を変えるんですよね」

本村も怪訝そうに問う。

「ああ、何もしなければ大昭和出版には未来がない。だが、現状ある課題を解決するだけでは未来は見えてこない。そこで、これなんだ」

石原はホワイトボードのＣＸの文字を丸で囲った。

「ＣＸ。大事なのは、わが社がこれからの時代に対応し、なおかつ持続的に成長していけるように変わるということだ。

それは、おそらく既存事業の深化と強化だけでは無理だ。もちろんそれも必要だが、イノベーションを起こし新しい領域に進出することもやらねばならないだろう。そして、その過程においては既存事業を廃止するという話も、当然俎上《そじょう》に載るだろう。

事業体制や人事制度、組織形態も当然新しく作り変えることになる。そうしたワンセットの改革でないと、会社は変わらないからだ」

石原がここでひと息ついて本村と黒川を見る。二人ともあっけにとられたような顔をしている。

しばらくして本村が口を開く。

「あの、部長。私たちが作るの中計ですよね。今、言われたような内容で作るのですか？」

「そうだ。俺はそうしようと思っている」

「なんだか話が大きすぎて」

「CXというのはそういうことなんだ。実際、それくらいのことをやらないと、もう間に合わない。そういうところまで来ていると俺は思っている。それに、俺たちは経営企画部だ。改革を提案する資格はある」

「僕はやります。自分たちの手で会社を変えられるなんて、なんだかワクワクしてきます。入社して初めて仕事で興奮しました」

さっきまでの不機嫌そうな表情はいつの間にか消え、黒川は顔を紅潮させている。早くもやる気満々のようだ。

石原は本村に声をかける。

「本村さんはどうだ?」

「私だって中計プロジェクトのメンバーですから、部長にやれと言われればやりますけど……でも、何をどうすればいいのか、正直まだまるでイメージがつかめません」

石原はうなずくと、鞄から冊子を取り出し二人の前に置く。

表紙には『CXの進め方』と書かれている。

「まずは二人にも、CXについての基本的な知識を頭に入れてもらう。本当のことを言うと、俺もついこの間までCXなんて言葉は知らなかったんだ。知り合いに腕利きのコンサルタントがいて、そいつに教えてもらったんだ。授業料は高くついたけどな」

石原は頭をかいて告白する。

「だから、まだ生煮えのところもあるけど、この冊子に沿ってひととおり説明するから、わからないことがあったら質問してくれ」

そして、石原の講義が始まった。

CXのリアル・ノウハウ2

CXの進め方

ＣＸのプロセスは、四つのフェイズに大別できる。それぞれのプロセスについては追って詳述するが、大まかには下記のとおりになる。

フェイズ１「事業実態の『見える化』」

まずは、現状を多面的に分析して課題を表出《おもて》しする。いわゆる「ファクトファインディング」だ。

これは当たり前のことのように思えるが、その意義はいくら強調してもしすぎることはない。なぜなら、問題の真因・インパクトを究明することで改革の基本方向性を定めると同時に、今後のＣＸプロセスで発生する諸問題に直面した際に常に立ち返る判断の基準（ＣＸのバイブル）になるからである。この段階でどこまで深く問題構造を捉え本質に迫れたかが、その後の打ち手の立案・実行段階の成否を分ける。

フェイズ2「事業の再定義・組織構想」

CXが通常の経営改革や改善活動と異なることを特徴づけるのがこの段階である。フェイズ1「事業実態の『見える化』」に基づいて、事業そのものを再定義するフェイズを指す。

ここでいう事業の再定義や組織構想は、「どのような分野をどのように攻略するか」といった戦略や、変化を内外に意識づけるための「新ビジョンの設定」といったことに留まらない。それどころか、いわば会社の憲法ともいえる定款を書き換える作業に等しい。

つまり、自社の存在意義（パーパス）にまで立ち返り、目標自体を事業ドメインの立地転換や業種転換といった形で定義しなおす作業である。この例で言えば、「大昭和出版の存在意義とは本当に出版なのか」というところまで立ち返る必要があるということだ。

また、これに伴って、事業体（組織）の骨格も再設計することになる。

フェイズ3「事業戦略策定」

ようやくおなじみの戦略策定である。その手順は一般的なものとあまり変わらないの

図４ CXの典型的プロセス

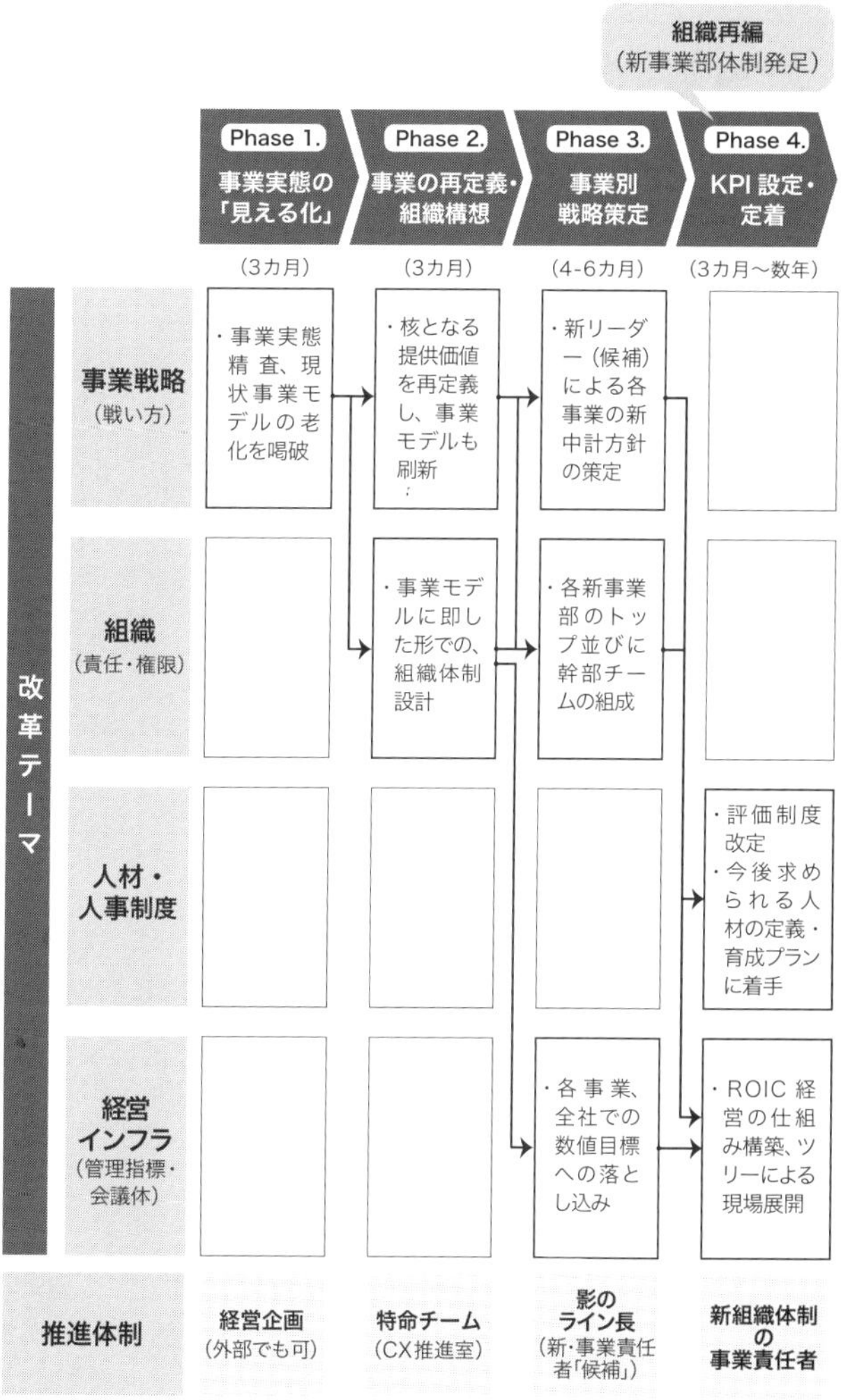

組織再編
（新事業部体制発足）
Phase 1.
事業実態の「見える化」
（3カ月）
Phase 2.
事業の再定義・組織構想
（3カ月）
Phase 3.
事業別戦略策定
（4-6カ月）
Phase 4.
KPI 設定・定着
（3カ月～数年）
改革テーマ
事業戦略（戦い方）
・事業実態精査、現状事業モデルの老化を喝破
・核となる提供価値を再定義し、事業モデルも刷新
・新リーダー（候補）による各事業の新中計方針の策定
組織（責任・権限）
・事業モデルに即した形での、組織体制設計
・各新事業部のトップ並びに幹部チームの組成
人材・人事制度
・評価制度改定
・今後求められる人材の定義・育成プランに着手
経営インフラ（管理指標・会議体）
・各事業、全社での数値目標への落とし込み
・ROIC 経営の仕組み構築、ツリーによる現場展開
推進体制
経営企画（外部でも可）
特命チーム（CX推進室）
影のライン長（新・事業責任者「候補」）
新組織体制の事業責任者

で、類書をお読みいただきたい。しかし、ここで重要なのは前フェイズで決断した会社の大方針を、実際に社内の各現業部門が具現化するための具体性（リアリティ）と本気度（コミットメント）を担保することである。リアリティある数字を置かなければ誰も実現可能だとは思えなくなるし、誰も責任を取ろうとしなければやはり、誰もついてこないからだ。

この段階で、ＣＸ後の数値計画・行動計画を責任者とともに定める。

フェイズ4「ＫＰＩ設定・定着」

ここでようやく新組織・人事体制の発足である。新たな戦略目標に向けて、各新組織の業務分掌に応じたＫＰＩを付与し、変革達成状況をモニタリングする。

いくら緻密なＣＸプランを組み上げても、その実行段階ではいわゆる「揺れ戻し」が起きるのが常。必ずと言っていいほど「うまくいくはずがない」「前のほうがよかった」という抵抗勢力からの反発が出てくると考えておいたほうがいいだろう。

ＣＸを遅滞なく進めていくには、業績のモニタリングよりもビジネスモデル転換の進捗度（例：代理店を中抜きした直販比率、等）を直接ＫＰＩ管理するのがポイントとなる。

ＫＰＩの定着には、早ければ数カ月ということもあるが、多くは数年という時間がかかるだろう。「そんなにかかるのか」と驚かれるかもしれないが、会社の価値観や行動様式が本当に変わり、血肉化し、定着したと言えるまでには、やはりそのくらいは必要なのである。

6 「見える化」

「見える化、ですか」

ラーメンを啜《すす》りながら黒川は、隣の席に座る石原に視線を送る。

石原は南条という心強い参謀から教わったCXの説明を二人の部下にしながら、これをやれば本当に会社を変えられるのだと思うとはやる気持ちが抑えられず、気がついたら会議室の窓の外はすでに宵闇《よいやみ》となっていた。

思いのほか長時間二人を拘束してしまったことに責任を感じた石原は、おわびに夕食をおごろうと二人をラーメン屋に誘い、そこで今後の手順の説明を始めたのだった。

「ああ、まずやるのは現状の事業実態の可視化、つまり見える化だ。特に、事業ごとの収益性を明確にしようと思っている。ウチの場合、組織が機能別に水平分業されているから、どこが儲かってどこが赤字を垂れ流しているかがはっきりしない。それを俺たち経営企画部で明確にすれば、こんな無駄な事業はやめましょうと言えるじゃないか」

大昭和出版では長らく、「雑誌1課」「雑誌2課」などの大きなくくりで複数の雑誌をまとめており、コストや広告収入などは課ごとに集計されている。各雑誌はその部数のみが公表されていた。

「個別の雑誌ごとに、売上部数だけじゃなくてそれぞれどれだけ利益が出ているか調べるとか、要するにそういうことですか」

「そうだ、黒川君、そういうことだ。事業ごと、案件ごとに一つひとつ洗い出していく。これまで見えなかった事実がどんどん出てくるぞ」

「なんだか難しそうですね。みんな協力してくれるのかな」

明らかに気分が高揚している石原とは逆に、黒川の表情はどこか心配そうだ。

「なんだ、やる前から怖気づいてどうする。ＣＸをやるかやらないかといったら、やるしかないんだ。そう説明したろ。なあ」

石原はそう言って本村の同意を求めたが、彼女もまた不安そうな声で答える。

「わかるんですけど、でも、たとえば個別の雑誌の収益ってどうやって出すんですか。編集の外注費とかならすぐにわかると思うんですが、用紙代や印刷代は全雑誌一括で管理していて、雑誌ごとに厳密な管理はしていないと思うんです。広告の収入も入れていいんですよね。そうすると営業の費用をどう考えるかも関係してくるし」

　確かにそうだ。よく考えたらかなり面倒で複雑な作業をしなければならない。それに、そんなことに現場の社員たちが喜んで協力してくれるだろうか。

「石原部長、前回はヒアリングだけだったので私たちでもなんとかなりましたけど、今回の見える化は、もう少し具体的なやり方を教えていただかないと、私と黒川君だけじゃ厳しいような気がします」

　本村の言葉に、石原も急に不安になってきた。

「そうか、そうだな、よし、こうしよう。来週までに俺が見える化の手順をまとめてくるから、君たちはそれに沿って動いてくれ」

　仕方がない、週末はまた授業料を払って、南条から見える化の具体的な進め方を教えてもらうか。

　石原は自分の弱気を悟られないよう、どんぶりを手で持って、勢いよくラーメンの汁を飲み干した。

7　仮でもいいので、収益を可視化する

その週末、カフェでの待ち合わせから夕食、そして最後はいつものバーにまで及んだ南条との「授業」は、その高い授業料に見合った、石原にとってはまさに目からうろことというべきものだった。

経営企画という仕事についてから数年経つが、このようにシステマチックに物事を見るようなことを自分はしていなかった。やはり営業時代の「売上さえ上がればすべてよし」の感覚から抜け出せていないな……。石原は改めてそう思った。

そんな石原に対して、南条が強調したのは次の点だった。

重要なのは、改革が急務であるという認識を現場と共有すること。

収益を可視化するのに足りない部分は、入手可能なデータをつなぎあわせて作ってもいいこと。

改革が急務である認識を共有しなければ、データは集まらない。そして、完全なデータ

など、いくら探しても見つかるものではない。まずは仮でもいいので、収益を可視化する。それが改革の第一歩となる。

巻き込みながら、データを集める。簡単ではないが、一筋の光は見えた。あとは、それに向かって走っていくだけだ。

8　不利益を被る人間は必ずいる

週末の「高い授業料」を払って得た情報をもとに、石原は休日をつぶして「見える化」の手順をまとめ上げた。具体的に、各事業の担当者からどんなデータを引き出さなければならないかまでが示されており、これを見た本村と黒川は、今度はすぐに顔を輝かせた。

「このとおりやればいいんですね。それで、この見える化をベースに変革の設計図を作っていく。これなら確かに会社を変えられるかもしれない」

本村の弾んだ声に、石原も自信に満ちた声で答える。

「さあ、ここからがCXのスタートだ。俺たち経営企画部で会社を変えてやろうじゃないか」

「部長、データ集めたらまたラーメンお願いします」

黒川の声も弾んでいた。

しかし、自信に満ちた声とは裏腹に、石原の胸には一抹の不安が、ずっと残り続けていた。


南条との授業が終わり、バーの出口を出て別れを告げ、いつものように別々の駅に向かって歩き出そうとしたときのことだ。思い出したように南条は石原にこう言った。

「そうそう、CXによって不利益を被る人間は必ず現れる。彼らは抵抗勢力となって改革をつぶそうと全力で邪魔をしてくる。油断するなよ」

今まで何度も同様の抵抗にぶつかってきた南条の、心からのアドバイスだった。石原は神妙にうなずいたが、その南条の言葉の真意を痛感することになるのは、まだまだずっと先のことだった。

CXのリアル・ノウハウ3

見える化

「データがない」という言葉で引き下がってはならない

「見える化」を手軽に（通常業務に負担を増やさない範囲で）行おうとしても、壁に当たるときがある。中でも多いのが「データがない」という問題だ。

ただ、実際には「データがない」というのは正しくないことが多い。実際はそうしたデータの存在を知らないだけだったり、ただ面倒がって出してくれないだけだったりする。「ない」と言われて思考停止するのではなく、突き詰めて考えることが重要だ。

また、当然のことながらデータを取るには費用がかかることも多い。費用対効果の面でどこまで行うかを判断することになるが、その判断は、CXプロジェクトの価値を理解していない担当者（データを取得する手間しか見えていない）にさせてはならない。

実際に、「データがない」という日常言語の意味内容は多義的である。よくあるのが

「ただ自分が持っていないだけ」「基幹システムから抽出しないといけない（ので面倒だ）」「データのレコードが揃っていないので突き合わせしないと使えない（ので手間がかかる）」「紙伝票で存在しているが電子データになっていない」「電子データにはなっているが画像や備考欄への自由記述なので串刺し集計ができない」「シフト表や走行記録など、別の形で管理されている」。

「データがない」という抽象論で引き下がらず、正確に、具体的に追求することをお勧めする。経営に影響するようなデータが取れないということはまずない。

実態を追求していくと、最終的には反論は出なくなる

より本質的な課題は、データ入手より示唆の導き方である。どのような切り口がよいのかは、各社が直面する状況により異なる。しかし、共通するのは多面的な切り口から、社内の問題提起に対するファクトベースの回答を提示すること。言い換えれば「言い訳を封じ、有無を言わせぬ事実を提示する」ことである。

なお、徹底的に実態解明を進めていくと、CXに対して抵抗を示していた層からも、「配賦ルールがおかしい」「利益以外に×××の間接的貢献をしている」といった言い訳じ

みた反対論しか出てこなくなる。そこまで「見える化」できたら勝負ありである。

なお、この段階の推進体制は、事業を正しく洞察できる優秀なチームであれば、コンサルタントを含む社外のスタッフが主導で検討を進めても構わないだろう。重要なのは、ハードなファクト&ロジックである。むしろ内部の社員の主体的なかかわりが必要となるのは、この先のフェイズである。

図５ Phase1：「見える化」

Phase 1　事業実態の「見える化」と事業・組織課題の可視化

■まずは、現状の事業実態を可視化することで、共通の問題意識を醸成

➢問題の真因・インパクトを究明することで改革の基本方向性を定めると同時に、今後のCXプロセスで発生する諸問題に直面した際に、常に立ち返る判断の基準とする

実施内容

分析内容・結果

付加価値構造・収益実態

事業構成・コスト構成（収益率）

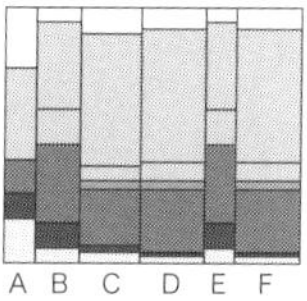

■事業別付加価値分析：
➢高／低収益セグメントを特定
➢事業特性・経済性の異なる多様な事業を可視化

収益性（パレート分析）

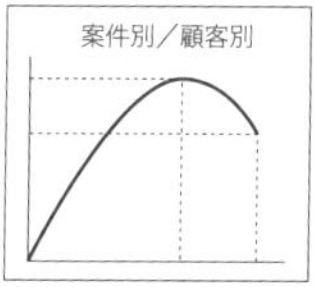

■案件・顧客別収益構造分析
➢事業全体のインパクトを分析

事業ポートフォリオ

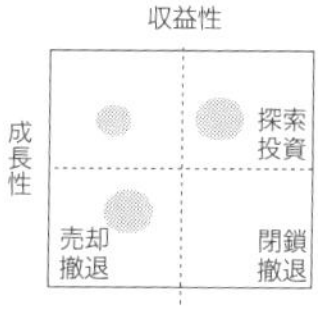

■事業ポートフォリオ分析
➢事業の「老化」の深刻さを表出し

問題の根源

・基幹事業単一の経営思想。多様化した事業を管理できていない
　✓事業管理粒度や事業評価指標が不適切
　✓新規事業投資体制が整備されていない
・機能別組織に課題
　✓事業軸での撤退・投資判断を行う権限を持つ者が不在
　✓一貫した収益責任を持つ主体がおらず、収益性が低下

要諦

客観的な事実と問題意識を現場と意思決定者が確実に共有すること
⇒ＰＪ担当チームを立ち上げ、当事者意識を持って取り組んでもらう

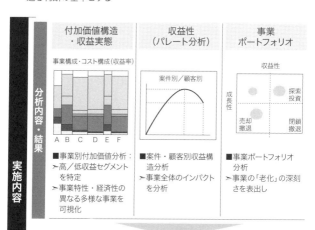

9　上司を口説けずに、役員は落とせない

昼前に石原は事業本部長の吉岡浩二郎に電話をかけ、ランチに誘った。吉岡は営業部時代の石原の上司だ。

いわゆるお坊ちゃん系の大学出身で、年齢を重ねた今も育ちの良さが外見からにじみ出ている吉岡は、親戚の縁故でこの会社に入って以来、その人づきあいの良さと人脈で事業本部長にまで上り詰めた人物だ。石原より10歳ほど年上で、石原も若いころは遊び上手な吉岡に、いろいろなところに連れていってもらった。今でも頭が上がらない人物の一人だ。

吉岡はこの日も、パリッとしたスーツを着こなして社員食堂に颯爽《さっそう》と現れた。少々薄暗い旧態依然とした社員食堂とは、どう見てもミスマッチではある。

まだ昼前ということもあって、社員食堂はすいていた。

「久しぶりのランチなんだから、もっといい店でもよかったのに」

「吉岡さんの行きつけの店は、僕には予算オーバーなんですよ」

そんな軽口を叩きながら、なんとはなしに人気《ひとけ》のない窓際の席に陣取る。そこで石原は、次の役員検討会で経営企画部が提出する中期経営計画のプロジェクト・リーダーに自分が指名されたことを告げた。

「俺は3年ごとに中計を策定する必要性がよくわからんが、まあ経営企画部はそれが仕事だからしょうがないか。まあ、いくら収益の向上といっても、あまり極端なコスト削減は勘弁しろよ」

「いえ、吉岡さん、今回は違うんです」

石原は声をひそめ言葉を続ける。

「いつもの中計ではなく、CXを迫ろうと思っているんです」

「CX?」

「コーポレートトランスフォーメーション。ビジネスモデルや組織にも手を入れて、持続的成長が可能になるよう会社を作り直す」

常に飄々《ひょうひょう》とした態度を崩さない吉岡が、思わず体を前に傾ける。

「すでにウチの部の若手が、事業や案件ごとの収益の見える化に向けて動いています。これまでのように形だけでなく、会社の無駄や非効率な部分を徹底的に洗い出して白日の下にさらし、場合によっては既存事業の廃止や体制変更までもっていこうと考えているんです」

「本気なのか？」

「もちろんです。それで、役員検討会でプレゼンをする際、ぜひ吉岡さんに後押しをしていただきたいのです」

石原はそう言って吉岡に頭を下げた。


「――難しいな」

しばしの沈黙のあと、吉岡は険しい顔でそう言い捨てた。

「この先、業績を改善するといっても、今の体制のままじゃ正直現状維持も難しいだろう。なにしろ出版業界そのものがシュリンクしているんだからな。そういう意味じゃ、CXが必要だといわれればそのとおりだ。それはみんなわかってる。だがな……変わりたくないのさ」

「変わりたくない？」

「ああ、会社の上のほうの人間は、変わらなくても今のままで、なんとか逃げ切れると思ってるんだよ。ウチは大手で体力もあるから、ダメになるとしてもまだいくらか猶予はある」

「だから、その間にCXをやって……」

「何かを変えるには体力が要る。これまで慣れ親しんできたことを続けるのがいちばん楽なんだ。それに、CXで会社が生まれ変わったとしても、それが本当に自分にとってプラスになるのかわからんだろう。もしかしたら改革の結果、現在手にしている既得権益を失うかもしれない。それでも会社の将来を見据え、身を切る思いで改革をやろうという殊勝な人間が、いったい何人いると思うんだ」

営業部のころの吉岡は、外見はスマートで人当たりもいいが、中身は安易に体制に与《くみ》することを嫌悪する硬骨漢だった。それゆえ、自分たちの味方になって守旧派の役員たちと戦ってくれると踏んだからこそ、真っ先に計画を打ち明けたのである。

石原は戸惑いを禁じ得なかった。

「吉岡さんも、現状のままでいいというお考えなんですか」

「いいわけがないだろ。このままじゃ会社はジリ貧だ。それで、俺は事業本部長になってから、これまでのように紙の本や雑誌にしがみつくのではなく、デジタル化やほかのメディアなどにも事業を広げていくよう、何度も主張してきた。だけどな……もう疲れちまったよ」

「でも、現実にCXが成功している事例だってたくさんあるんです。それに、今回は私の友人のコンサルタントも、いろいろ手伝うと言ってくれています。だから、できないはずがありません」

「できないはずがないか。俺もそう思っていたよ。だがな、人はなかなか理屈じゃ動いてくれない。実は、宮本社長はああ見えて、ものごとの本質はちゃんとわかる人だ。データに基づいた論理的な話ならちゃんと聞いてくれる。理解力だってある。ところが、改革というのは社長だけ納得させてもダメなんだ」

「どういうことですか?」

「最初に言ったとおりさ。上層部の中には、改革なんてまっぴらだ、話も聞きたくないという奴らがいるんだよ。はっきり言うと、営業本部の武田本部長と製造本部の加治本部長の二人だ。

彼らは過去の実績にあぐらをかいて大きな顔をしていられる今の体制がよっぽど居心地いいのだろう。それで、どんな改革案にも必ず強硬に反対する。しかも、この二人は声がでかくて弁が立つから、改革に賛同する人間がいても、押し切られてしまうんだ。それで改革反対が優勢になると、社長もそっちについてしまう。あえて波風立てたくないってわけだ」

「そうすると、私たちがＣＸの提案をしても」

「つぶされるだろうな、あの二人に」

深いつきあいはないとはいえ、石原もこの二人のことはさすがに知っている。常にカミソリのような鋭さで相手を論破する武田と、頑固一徹、ルールからの逸脱を決して許さない加治。どう考えても一筋縄ではいかない相手だ。

吉岡から現実の厳しさを突きつけられ、石原は言葉を失った。

「ところで、中計の発表で経営陣にＣＸを求めるというのは、お前の上司の島本部長も了解済みなのか？」

「いえ、話すと反対されるのは目に見えているので、本部長にはある程度私と部下で固めてから承認を得ようと思っています」

「島さんも社長と一緒で、道理はわかっているが、基本的にバランス感覚のよさでこれまでやってきた人だから、役員検討会が紛糾するような提案は嫌がるだろうな。それでも本気でやるなら、早めに話を通しておいたほうがいい。俺よりまずは島さんだよ」

吉岡はそう言うとトレーを持って立ち上がった。

上司も口説けずにトップを説得できるか。お前は甘い。石原は吉岡からそう言われた気がした。

10 見えてきた「収益の真実」

「石原さん、最近、おたくの部下が来ちゃあれこれデータを出してくれってうるさいんだけど、いい加減なんとかしてくれないっすか」

石原は会社の廊下で『月刊ゴルフマガジン』の編集長・古田稔に声をかけられた。入社以来一貫して編集畑を歩んできた古田は有能だが、編集者にありがちな「いいものを作るためにはコスト計算など不要」を地で行くような人物でもある。

「データ？　ああ、中計の策定で必要なんだ」

「中計？　でも、今まで紙代とか印刷代とかそんな細かいこと言われたことなかったですけどね」

「それが、今回はちょっとやり方が変わったんだ」

「こっちは校了前で忙しいんです。勘弁してくださいよ」

不機嫌そうに去っていく古田の背中を見ながら、石原は少しうれしくなった。

あいつら、頑張ってるじゃないか。


「遅いですよ、部長」

石原が会議室のドアを開けると、すでに黒川がホワイトボードの前で待ち構えていた。

「すまんすまん、出がけに古田さんにつかまっちまって……なんだ、夏休みの自由研究の発表か？」

ボードには、『事業部別マル秘収支報告』というタイトルがマジックで大きく書かれた模造紙が貼られている。

「私は普通にA４の報告書でいいって言ったんですけど、黒川君がどうしてもって……」

大昭和出版が発行している各媒体を机に並べながら本村が不服そうにそう言うと、黒川がそれを制し、

「それじゃ今回の衝撃の大きさは伝わらないと思ったんです。いいですか部長、そこに座

ってください」

黒川はそう言って石原を着席させると、指示棒を右手に説明を始める。最初はちょっと引いた態度を取っていた黒川だが、今では本村以上にCX計画にのめり込んでいるようだ。それにしても、常にタブレットを持ち歩くZ世代の黒川が模造紙とは。石原は心の中で苦笑した。

「これが事業部ごとのPL（損益計算書）です。原価とか一部正確にわからないところはこちらの憶測で数字を入れてありますが、できる限り資料は集めたのでそれほど遠くはないはずです。

で、見てほしいのが雑誌の採算です。大きな赤字を垂れ流していると思われる雑誌が二つ見つかりました」

黒川が指示棒で模造紙を叩く。

「『エイミー・ジャパン』と『受験の友』か。どちらもウチの看板雑誌だな」

「だから気づかなかったんですよ。黒川君、ここは私が説明します」

本村が黒川を押しのけるようにホワイトボードの前に立った。

『エイミー・ジャパン』は80年代に創刊された女性向けファッション誌の先駆けで、最盛期には１００万部に迫る売上を誇ったこともあった。最近はさすがに部数を落としてはいるが、それでも根強いファンに支えられており、同種の雑誌の休刊が相次ぐ中でも安定感は抜群と社内でも思われていた。

「以前のような爆発力はないけれど、売れ行きは安定しているというのが、社内の一般的なエイミー評です。確かに、部数はここ数年変わっていません。ただ、ここ見てくださ い。この３年は売上は微増ですが、利益がまったく出ていないと思われるのです」

黒川が絶妙のタイミングでホワイトボードの模造紙の上に新しい紙を重ねる。そこには『エイミー・ジャパン』の売上、原価、利益の変動を示すグラフが書かれていた。

二人でずいぶん今日のプレゼンの練習をしたのだなと石原は思った。

本村が続ける。

「３年前に鬼沢さんが編集長になってから、それまでほかの雑誌と同じように右肩下がりだったエイミーの部数が逆に上昇に転じ、社内で話題になりましたよね」

「ああ、自分はエイミー中興の祖だって、鬼沢は自分でもよくそう言ってる」

石原の言葉に、黒川がつい口を出す。

「自分で言いますか、普通」

「そこはいい、黒川君。部数が伸びたのは事実です。でも、赤字体質は改善されていません。いえ、もしかしたらもっと悪くなっているかもしれないのです」

「そんなことはないだろう。以前の経営報告でも鬼沢の奴、このご時世で毎号黒字を出せる雑誌がどれだけあると思いますかって、役員の前で胸を張っていたぞ」

それを聞いた本村の目が少し険しくなる。

「石原部長は、エイミーの部数が伸びたのはなぜだと思いますか？」

「なぜって、それは鬼沢が売れる雑誌に作り変えたって認めるしかないんじゃないか」

「理由はこれです。黒川君」

黒川が机の下から段ボール箱を取り出すと、中のものを一つひとつ取り出して机の上に並べていく。

「エコバッグ、財布、ポーチ、スマホケース、美顔ローラー……えーと、これはヘアブラシかな」

「パドルブラシ。頭皮を刺激しながらケアもできるので、意識高い系の女子に人気の商品です。買うとけっこういい値段するんですよ」

「女性がほしがりそうなものばかりだが、これがどうしたのか？」

石原が美顔ローラーを取り上げ顔に当てる。

「全部付録です、エイミーの。部数が伸びたのはこの付録のおかげなんです。鬼沢さんは編集長に就任すると、エイミーを付録付きの雑誌に変えた。付録目当てだろうがなんだろうが、雑誌が売れればいいと考えたのでしょう」

「なるほど、広告代理店出身のあいつらしい」

「でも、付録が付いたファッション誌というのはすでに何冊もあって、今さらエイミーが同じことをやってもそれほどインパクトは与えられない。そこで、女性に人気のあるブランドと組んでエイミー限定の商品を作って付録にしたら、これが当たったのです」

マーケだセグメントだと会話の中にカタカナ語を多用して相手を煙に巻く鬼沢のことを、石原はどうも人間的に好きになれなかったが、本村の説明を聞く限り、商才はあるのだろうと思った。

「どれも雑貨店でも売れそうだ。付録とは思えないな。こんな付録がつくならそれなりの定価でも売れそうだな」

それを聞いた本村の目が光る。

「そこなんです。エイミーの付録のグレードは競合誌の中では群を抜いています。それなのに、価格は他誌と変わらないんです」

「原価が価格に反映されていないってことか。じゃあどこで吸収しているんだ」

「編集部の人数も減っていないし、本誌のページ数も紙質も以前のまま。これっておかしくないですか」

「そこで、これを見てください」

待ってましたとばかりに黒川が新しい模造紙を貼ると、その横に立って説明を始める。

「これは『ビジネス資格道場』の過去10年の売上と原価の推移をグラフにしたものです。ここ見てください。原価が急に上がっているのがわかりますか?」

『ビジネス資格道場』は資格試験対策用の雑誌で、地味だが売上が景気にあまり左右されないという特徴がある。この出版不況の中では優等生といっていい。

「原価が目立って上がったのは3年前、鬼沢編集長がエイミーに異動になった直後です。雑誌の作りはこのとおり、見た感じでは特に変わっていません」

黒川は両手に新、旧の『ビジネス資格道場』を持って比べてみせる。ページ数にしても雑誌の作りにしても、確かに目立った違いはない。

「それで、ここからは僕の推理なんですが、鬼沢さん、エイミーの原価の一部を資格道場につけ替えているんじゃないかと思うんです」

「まさか。何か証拠でもあるのか？」

「いえ。でも、けっこういい線いってると思うんですよね。資格道場の木本編集長は鬼沢編集長の元部下で、大学も一緒だし」

石原は腕を組み目を閉じる。確かにこの会社の経理システムでは、同部門内でのコストのつけ替えは十二分に可能だ。


本村が言葉を続ける。

「それから、『受験の友』。ここは編集部が頑なにデータを出してくれないのですが、少子化で部数がかなり減っているのは間違いありません。一方で、校正は専門の外注に出しているし、改訂版も毎年作らなければなりませんから、コストはかなりかかっているはずなんです。かつては大昭和出版といえば受験の友という時代もあったからか、社内ではアンタッチャブルになっているみたいですけど……」

そう言って本村は、データがない中で試算した仮の数字を示した。ちょっと驚くような赤字である。

この数字を出すために本村は、社内だけでなく社外からも情報を集め、コストを試算したのだという。

「もしかしたら本当は、もっとすごいことになっているかもしれません」

その後も二人の報告は続いた。

雑誌だけでなく書籍でも同様の「隠れ赤字」があると考えられること。また、注目されていない雑誌や書籍の中に、意外と堅実に稼いでいると思われる分野があること。また、社内ですらあまり知られていない、ネットを活用した資格取得の通信教育やセミナーが、実は利益を上げているらしいということ。

これだったのか、見える化の狙いは、南条。

嬉々として会社の内実を明らかにしていく二人の顔を見ながら、石原は心の中で南条に感謝の言葉を述べていた。

11 社内の反対は覚悟の上で

経営企画本部長の島は、部下である石原が手渡した報告書を読み進むにつれ、どんどん険しい顔になっていく。

「なんだ、これは。君に頼んだのは中計のとりまとめだぞ」

「まずは自分の上司だろ」という吉岡からのアドバイスにもかかわらず、石原は結局、直属の上司である島の説得をついつい後回しにしてしまっていた。この段階でこのような資料を見せられた島が驚くのも、当然と言えば当然だ。

「ですから、今回の中期経営計画は、ここに書いたように会社を変革するという内容でいこうと思っています」

「出版事業からコンテンツ事業への大幅なシフト、機能別から事業別に組織を再編、収益改善の見込みがない事業は撤退、DXの積極的導入とITリテラシー教育の推進……こんな中計を出せるか。こんなものが役員検討会を通るわけないだろ。何を考えているんだ」

島は報告書を放り出すように机に置いた。

石原はその報告書をつかむと、島の顔の前に突きつける。

「どうすれば会社がこの先も存続できるか、社員が安心して働けるかを考えたんです。このままじゃ会社はもちません。持続的成長が無理だってことは、島本部長、あなただってわかっているはずです」

石原は背後で聞き耳を立てているであろう本村と黒川を意識しながら、普段よりかなり声を張って島に詰め寄った。

「そんなことは経営陣が考えることだ」

吐き出すように島は言う。実際、経営企画本部長として社内を知り尽くしているだけに、ここに挙げられているような問題は、彼自身痛いほどわかっているのだ。

「そうです。そのとおりです。だから、経営企画部で考える材料を用意するんです」

「しかし、そんなことをしたら大事《おおごと》になるぞ。石原、お前責任取れるのか？」

「私は、思いつきで言っているわけではありません。この部署にいたら会社の経営状況がどんなものなのかくらいはだいたいわかります。

ただ、正直に言えば、ここまでひどいとは思っていませんでした。でも、島本部長に中計の策定準備を頼まれて、本村や黒川にも手伝ってもらいながら、会社の隅々まで調査をしたら、わが社はすでに危険水域に来ていて、いつ突然死してもおかしくないという現実がわかったんです。

もう猶予はありません。今回の中計の発表は、会社の実態を経営陣にわからせ、CXを提言する最後のチャンスかもしれないのです。責任を取れと言われるのなら、私はクビをかけます」

ここで島に納得してもらえなければ、せっかくの改革案も発表の機会を失ってしまう。石原は腹を決めたのだ。

島は「うーん」とうなりつつ、しばし天を仰いだ。「社内調整」を得意とする島だけに、この案がいかに物議をかもすかが痛いほどわかるのだ。

しかし、石原の覚悟は島にも確かに伝わった。

「わかった。そこまで言うならこの報告書をもう一度じっくり検討してみよう。それで、本当にできるのか？」

「は？」

「だから、ここに書かれているとおりにすれば、本当に持続的成長ができるようになるのかって聞いているんだ」

「大丈夫です。実は、その道のプロにアドバイスをしてもらっているんです。これを見てください」

石原はブリーフケースから書類を取り出し島の前に置いた。

「CXに成功した他社の事例です。これを見ていただければ、本部長にもCXのイメージが湧くと思います」

島はそれを手に取ると、疑わしそうにのぞきこむ。

「社名は言えませんが、誰でも知っている上場企業のものです」

「君はどこでこれを?」

「その道のプロから拝借してきました。彼が実際に手がけたのだそうです。見ていただければわかると思いますが、CXといってもいきなり会社をひっくり返すようなことはしていません。会社があるべき姿を明確にし、現状をそこに近づけるために何をするかを数字で考えて、できることをやる。これならできると思いませんか?」

「うーん、そうはいってもな……誰なんだ、その道のプロというのは?」

「経営コンサルティングファームで働いている私の友人です。性格には多少難があるかもしれませんが、実力は確かです。実績も申し分ありません」

「わかった、そこまで君が言うなら信用しよう。ところで、クビをかけるというのは本当だろうな」

しまった。

石原は腹の中で、勢いに任せてつい言いすぎたと後悔したが、今さら否定するわけにはいかない。

「も、もちろんです」

自信満々の顔でそう答えながら、いく筋もの汗が背中を流れるのを石原は感じていた。

事業の再定義、組織骨格の設計

CXあるある　忖度と「評論家」

事業の再定義と組織骨格の検討段階でありがちな事態を二つ紹介したい。一つ目は、社内の空気を過剰に忖度して、あるいは構想力の欠如により、当たり障りのない課題の指摘と表面的な対策でお茶を濁すパターン。本書では、当初の本村・黒川による案がこれに当たる。

二つ目はそれ以上に厄介で、マクロトレンドを大上段に振りかざして大胆な変革の必要性を訴えているにもかかわらず、現場から乖離した絵空事を評論家的に唱え、自らやり切る覚悟もないパターン。これは中堅企業以下ではほとんど見られない一方、大企業の経営企画部でよく見られる。

本人は、もっともらしい「賢《さか》しげ」なことを言っているつもりでいるために、このほうがよほどタチが悪い。CXとは、変革と実行のトレードオフに果敢に立ち向かい、七転八倒しながらやり切ることである。

抜本的な改革は、必ず抵抗にあう

石原は、既存事業の市場衰退に起因する事業ポートフォリオの老化に対し、持続的な成長を達成するために事業の新陳代謝にとどまらない立地転換を訴えた。これは、社内における従来の主流事業と傍流事業の立場を逆転させるものである。それと同時に、変革を可能にする事業体、従来の機能別組織から事業別組織への構造転換を訴えた。

こうした抜本的な改革は、島が懸念するように、事業面・事業体（組織）面の双方で強い抵抗にあう。

事業面では、成熟事業の縮小・撤退の決断がなかなかできないケースがほとんどだ。実際にあったケースとしては、衰退事業でたまたまヒット商品が出て特需が起きた結果、撤退は時期尚早だと判断されてしまう「逆コース」、工場統廃合の効果試算を製造部長に依頼したところ「効果0円」という回答が来る「面従腹背」などがある。

また、事業体（組織）面では、利害関係者、特に機能別組織のトップの処遇が課題になることが多く、いささか剣呑《けんのん》な火花が散ることもある。彼らが立場を守ろうと介入した結果、事業の議論をする際には必ず報告を入れるようにさせられたり、会議の席次を機能別組織の長が中心になるよう配置されたりして、改革が遅々として進まなくなったりするのだ。

なお、この段階でのCXプロジェクトの推進は、会社の中長期的な成長に責任が持てる社内のごく少数のマネジメント層と、その将来の候補であるミドル層を中心に、「特命プロジェクト」として検討を進めることが望ましい。重要なのは、既存事業で声の大きい利害関係者に決して根回しをしないことである。

図6 ■Phase2：事業の再定義

Phase2　改革案：付加価値領域の再定義、組織骨格の設計

■ポートフォリオマネジメントを行うため、まずは投資・撤退単位となる事業を定義

■機能別組織（営業・開発・製造）を、事業単位での意思決定を可能にするため、事業別組織に再編

ゴール

・ポートフォリオマネジメントの単位となり、その単位で投資・撤退等の判断ができる「事業」を定義

・組織（責任権限）を、事業の投資・撤退判断を行う単位と一致させる

体制

・経営陣（意思決定者）の直轄機関として「構造改革チーム」を組成。当該チームとの議論を通じて方針策定した後、迅速な意思決定を促す

実施内容

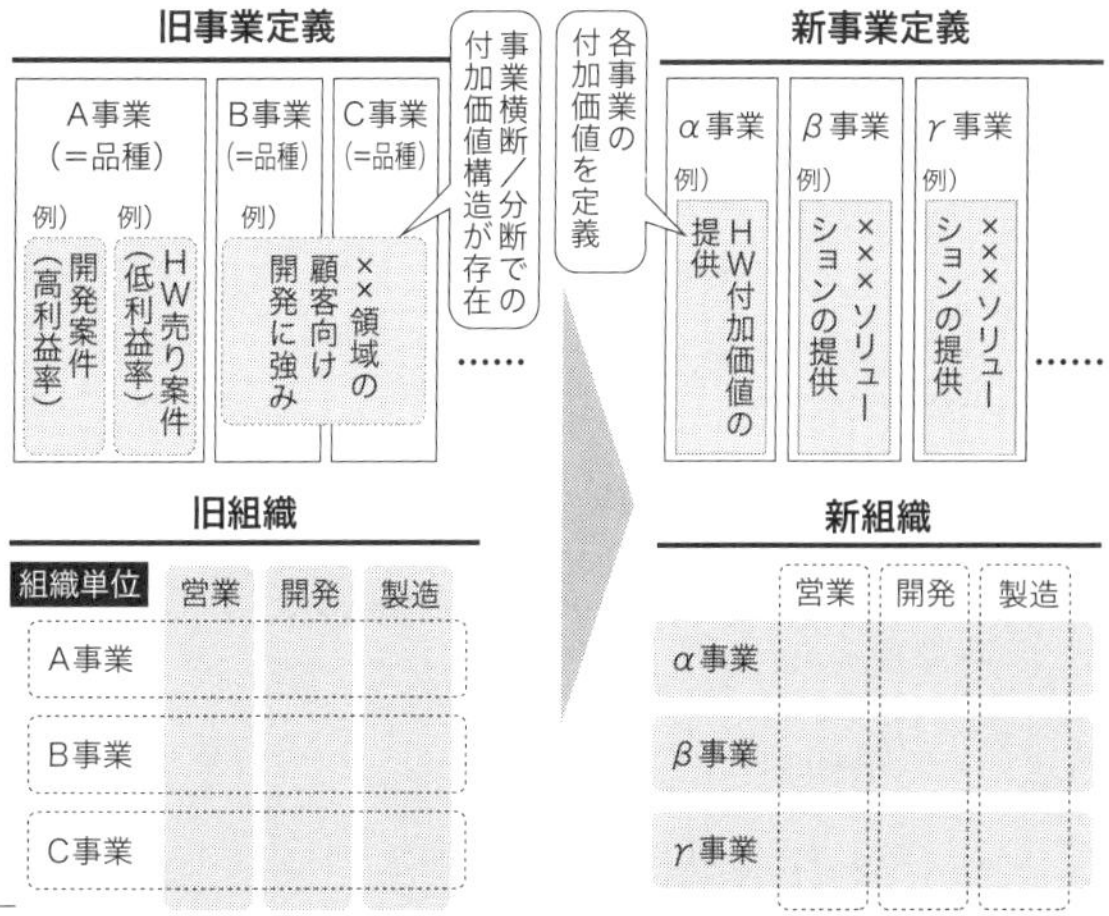

要諦

既存組織の守旧派が抵抗勢力化⇨抵抗を排除して推進する統率力・実行力

12　第一回役員検討会

その3週間後、大昭和出版の中期経営計画の第一回の発表が、役員全員が出席する中計検討会で行われた。場所は、本社最上階の大会議室。大昭和出版のロゴが燦然《さんぜん》と輝き、著名芸術家による絵画や彫像が並ぶ、「いかにも」な会議室である。

石原は正直、この物々しい雰囲気があまり好きではない。そもそも、部屋の造りがパワーポイントを使ったプレゼンにまったく向いていないのだ。

石原のプレゼンテーションが終了すると、案の定というべきか、会議室は騒然となった。

最初に立ち上がったのは営業本部長の武田剛士だ。有能で弁は立つが敵も多い、「カミソリ」などと陰で呼ばれている人物だ。石原には一瞥《いちべつ》もくれず、その上司である島に詰め寄る。

「島さん、これはどういうことですか。今日は中計の発表じゃなかったんですか?」

島が口を開く前に、石原が反論する。

「だから、向こう3年間でCXを行って、会社の中身を時代に合ったものにしていこうという提案をさせていただきました。私たち経営企画部では……」

「あなたじゃなくて島さんに聞いているんだ」

武田は声を荒げて石原の話を遮ると、再び島に迫る。明らかに動揺した様子の島だが、なんとか言い返す。

「今回の中期経営計画では、これくらいのことをやらないといかんだろうというのが、私たち経営企画部の総意でして」

「ふざけるのもいい加減にしてください。これのどこが中計なんですか。経営批判じゃないか。それを堂々と役員検討会でするなんて、どれだけ偉いんですか、経営企画部ってのは」

「経営批判じゃありません。エビデンスに基づいた提言です」

島もつい身を乗り出して反論する。

「分をわきまえろと言ってるんだ」

島は言葉に詰まって下を向く。石原は唇をかんだ。

「やってる感を出したかったんでしょ、要するに」

声の主は製造本部長の加治徹。頑固一徹、ルール厳守の「製造のドン」である。

「いろいろと頑張ったのはよくわかります」

加治はプレゼン資料をパラパラとめくりながら言葉を続ける。顔には皮肉な笑いが浮かんでいる。

「CXですか。最近流行ってるみたいですね。で、これはいいと。中計でCXを提案すれば、みんなをびっくりさせられると思ったわけだ」

この言葉に島より先に石原がつい、反応する。

「びっくりさせるとかそういうんじゃありません。さっき説明したように、現行のビジネスモデルをもとに中期計画を作って、それで多少収益が改善したとしても、応急処置にしかならないのです。この先10年、20年と会社を繁栄させるには、今抜本的な経営改革に手をつけないと間に合いません。だから、CXなんです」

なんでわかってくれないのか。そう苛立ちながら、石原は必死で反論を試みる。

だが、加治は相変わらず冷笑を浮かべている。そして、今度は営業本部長の武田が立ち上がり、全員を見渡しながら言う。

「皆さん、わが社が属する出版業界は、世間では不況業種といわれています。ここにきて同業社の撤退や倒産が増えているのも確かです。でも、よくよくみるとそういうところは中小零細ばかりなんですよ。経営基盤が弱い会社が淘汰されるのは、いってみれば資本主義の常、自然なことなのです。

わが社にそんな心配はありません。ウチが傾くとしたらそれは、業界自体がなくなるときです。景気というのは一本調子じゃありません。必ず波があるのです。今は出版界に逆風が吹いていますが、いずれこの風も収まって、順風に変わるときが必ずきます。だから、景気が悪いときは変に浮足立ってあれこれいじくりまわそうなどとはせず、これまでどおりのことを淡々と続けて、景気がよくなるのを泰然と待つのが肝要なのです。

いいですか、わが社は出版界をリードする企業なのです。そんな業界の雄が、ちょっと業績が落ちたからCXだなんだと右往左往するのは情けないし、みっともない。そう思いませんか、皆さん」

13　根回し

　この武田の自分に酔ったような「演説」に、参加者の間からは次々と賛同の声が上がった。

　失敗だ。この3カ月間、自分なりにCXを勉強し、南条にも教わりながら準備を重ね、自信を持って今日のプレゼンに臨んだのに、上層部の人間はまるで理解してくれないどころか、聞く耳すら持とうとしない。

　石原は絶望的な気持ちで立ち尽くしていた。

　ふと、最初に営業時代の上司であった吉岡事業本部長に、社員食堂でCXの計画を打ち明けたときのことが脳裏によみがえる。吉岡は、自分も会社を変えようとさんざん手を打ってきたがどうにもならず、もう疲れたと言っていた。今はその気持ちがよくわかる。

　そのとき、

「ちょっといいですか」

そう言って立ち上がったのは、ほかならぬその吉岡だった。

「今回の経営企画部の提案は、確かに中期経営計画という枠をかなりはみ出していると私も思います。しかしながら、検討もせずに却下してしまうのはいかがなものでしょう。プレゼンを拝聴した限りでは、的を射た指摘や提案も多々あるように私には感じられました。

たとえば、これまでわが社では、ポートフォリオマネジメントという観点で経営を考えてきませんでした。組織が機能別のため、各事業の資本効率や収益性が見えにくいというのも、その理由の一つです。今回、経営企画部の調査で、収益性の低い事業に過大な資本が投下されているという現実が明らかになりました。

さらに詳細な分析は必要ですが、その上で撤退や売却あるいは買収なども視野に入れながら、資本効率を考えて事業を戦略的に組み替えていけば、今以上に企業価値を高められるという提案は、傾聴に値すると私は思います」

「吉岡本部長は根っからの改革派ですからね」

武田が皮肉な調子で茶々を入れる。

「冗談じゃない。組織なんかに手をつけたら、本業が疎《おろそ》かになってしまうじゃないですか。そんなことをやっている暇があるなら、もっと目の前の仕事に力を入れればいいんだ」

加治も不機嫌そうに吐き捨てる。

「だいたい、組織の再編や事業の組み換えなんて誰がやるんですか。まさかそんなことまで経営企画部にやらせるわけにはいかないでしょう。ねえ、島さん」

まともにとり合おうとしない武田と加治のほうを見ながら、吉岡が話を続ける。

「確かにこれだけ大きな話になると、経営企画部だけに任せるわけにはいかないでしょう。そこで、この案件、私の事業本部に引き取らせてもらえませんか。経営企画部の提案をベースに、実現可能なＣＸの設計図を作ってみようと思うのですが、社長、いかがでしょう」

全員の注目が、それまで黙って座っていた社長の宮本耕造に集まる。宮本は数秒の沈黙ののち、ようやく口を開いた。

「プレゼンを聞いて思ったんだが、わが社にＣＸが必要だという経営企画部の提案にも、確かに一理ある。とりあえず事業本部でいったんもんでみる価値はあるんじゃないか」

これまで事なかれ主義とみられてきた宮本社長がＣＸに興味を示したことに、武田も加治も驚きの表情を浮かべ、押し黙った。それだけではない。当の石原や島も、あまりの急展開に開いた口が塞がらない、という様子である。

実は、これには裏があった。

石原はプレゼンの準備を進める中で、吉岡に随時経過を報告していた。もともと改革の必要性を感じていた吉岡は最初こそ懐疑的だったものの、途中から、見える化から手順を踏んで進めていけば、もしかしたら会社を変えられるかもしれないと、だんだんと心境が変化し始めた。

石原はさらに吉岡に南条を紹介し、直接ＣＸについて説明を受けてもらった。吉岡の思いは確信に変わった。

一方で、これを進めるに当たっては武田と加治が抵抗勢力となって足を引っ張ることも容易に想像がついた。

そこで、吉岡は宮本社長に事前にある「根回し」を行っていた。石原たちが今度の中期経営計画の発表で、会社の骨格を変えるくらいの大胆な改革案をプレゼンするが、それを実行することがわが社が生き延びるための最善の策であると自分には思われる、そこで、反対意見が出ても却下せず、時間をかけて検討した上で判断してほしいと。人間関係を武器にしてきた吉岡ならではの策だった。

ただ、それはあくまで社長への「お願い」に過ぎない。最終的に宮本がこのような決断を下したのは、石原のプレゼン内容に心を動かされたという要素もあったはずだ。

プレゼンが行われた翌日、吉岡は早くも事業本部内にＣＸ推進室を立ち上げる。プロジェクト・リーダーには石原を指名、そのほかのメンバーは各部署にお願いして、中堅の有望株を出してもらうことにした。

こうして、大昭和出版のＣＸが動き出す。

CXのリアル・ノウハウ５

組織を動かす「巻き込む」コツ

根回しは「アート」である

この役員検討会の話はあくまで架空の例だが、実際、ＣＸプラン発表の場が大紛糾することはしばしばある。だが、実質的な意思決定者、または機関決定を握る経営陣の過半数（全員ではない点が重要で、抜本的な変革案である以上、全員が賛成するわけがない）が変革に合意し、その実践を誓わなければ、ＣＸは絶対にうまくいかない。

そのためには、泥臭くはあるが「根回し」は有効な手段だ。

本書で石原や吉岡がしたような「ご説明」は、いわば正攻法の根回しだが、特にＣＸのような重大な決断を迫る際は、夜の会食の場やゴルフなど、場所を変え社外で温度感を共有しながら話すのも有効だ。もちろん、人によってはビジネスアワーにアルコールなしで、あえて社内の会議室で腹を割って話すことが効果的な場合もある。

この辺りはいわば「アート」に属することであり、相手と状況によって適切に対処する能力を磨くしかない。

CXあるある　役員が示し合わせて欠席

本書での根回しは成功したが、票読みは最後まで水物である。以前、実際にこんなことがあった。ある重要な機関決定が予定されていた取締役会の数日前に、守旧派の取締役が複数名で示し合わせて謎の私用欠勤をしたのだ。取締役会に向けて、なんらかの多数派工作を試みているのか、当日まで票読みの疑心暗鬼は解消されなかった。

また、こうした肝を冷やすような局面がしばしばあると、現場の改革派の実務層がはしごを外されることを懸念して一気に意気消沈してしまうこともあり、注意が必要だ。

14 「データがない」問題

会社が大規模な改革に乗り出すという情報は、ほどなく全社員の知るところとなった。

当初は、いよいよリストラが始まるのかと中高年社員に動揺が走ったが、そうではないとわかると、どうせたいした変化は起こらないだろうと、多くの社員の関心は日に日に薄れていった。

石原はそれでいいと思っていた。改革の途中でいろいろな人に口を挟まれたら前に進まなくなる。それよりも自分たちコアのメンバーで検討を進め、社員には完成後に伝えて承認を得たほうが、スムーズにいくからだ。

ただし、現場の協力が不可欠なのは言うまでもない。何より「見える化」のフェイズにおいては、正確なデータが得られないと改革の方向がぶれてしまう。

役員検討会でのプレゼン後に誕生したＣＸ推進室には、リーダーの石原の下に、各部門の優秀な中堅が集められた。経営企画室だけで動いていたときと違い、ＣＸ推進室に昇格してからは、現場の人間もプロジェクトに参加していることもあって、データの入手は比較的容易になった。

ただ、製造部だけはそうではなかった。製造部長の伊部守はこちらが何度頭を下げても、忙しいという理由でプロジェクトメンバーに人も出さず、データも渡してくれないのだ。

石原にはわかっていた。伊部が非協力的なのは、CXの意義を理解していないからではない。上司である「守旧派のドン」加治が改革に反対している手前、自分も忠誠を尽くしているところを見せざるを得ないのだ。


しかし、CXを進める上で、製造部のデータはどうしても欠くことができない。

吉岡さんに加治本部長を説得してもらうよりほかないか。

今日も石原は伊部に袖《そで》にされ、製造部をあとにしようとしたとき、入れ違いで入ってきた梅田龍之介に声をかけられた。

「あ、石原さん、最近よく来ますね。ちょっとこれ見てください、このアップルウォッチ、まだ日本で売っていない最新のヤツなんです。いいですか、こんなこともできるんですよ」

そう言うと梅田は左腕を石原の顔の前につき出して、腕時計の操作を始めた。

梅田はもともとＩＴ系企業のエンジニアだった。昨年、中途で入社し、現在は製造部でデジタル関係の仕事を担当している。一応肩書きはＤＸ部長だが、部下は外国人エンジニアが一人だけだ。デジタル・ガジェットが嫌いではない石原とは、しばしば立ち話をする仲だ。

そのとき、石原の頭にある考えが浮かんだ。

「梅田さん、すごいですね。コーヒーでも飲みながらもっと見せてくれませんか」

「もちろんです」

デジタル・ガジェットオタクの梅田は、石原の誘いに喜んで従った。

15　ＤＸの本当の意味

その３日後、石原と梅田が資料室に入ると、すでに吉岡が待っていた。

「お待たせしました。こんなところにお呼び立てしてすみません。あいにく会議室が全部ふさがっていまして」

「かまわんよ。それよりどうだ、進行状況は」

「見てください、ようやく手に入りました、製造部のデータ」

石原は吉岡の前に書類の束を置く。

「おお、ご苦労さん」

それを確認する吉岡の目が、どんどん鋭くなっていく。

「媒体ごとの紙代や印刷代まで一目瞭然じゃないか。よく伊部部長がここまで出してくれたな。どうやって口説いたんだ」

「いえ、伊部部長はたぶん知らない、というか社内なので問題ないとは思うんですけど……」

石原の返事はどこか煮え切らない。

「ん？　どういうことだ？」

「それが、伊部部長は忙しそうだったので、その、ここにいる梅田部長にお願いして……」

真相はこうだ。

あの日、石原は梅田を会社の近くの喫茶店に誘い、アップルウォッチをほめるついでを装って、製造部のデータの出力をお願いしたのだった。

「ひょっとして梅田さんなら、製造部のデータなんでも出せるとか?」

「さすがにそんなことはないよ。でも同じ製造本部の部長会で共有している資料なら、『社外秘』扱いだから僕から出せますよ」

「とりあえずこのデータ出してほしいんですけど。いえ、伊部部長に直接頼めばいいんですけど、どうもあの人苦手で」

「わかるわかる、ちょっととっつきにくいとこあるもんね。ああ、でもこれは、一応伊部さんに許可取らないとまずいかな」

どうやら梅田にも、組織人としての最低限の常識は備わっているらしい。

そこで、石原は一計を案じることにした。

「CX推進室では、製造部の仕事のかなりの部分はコンピュータで置き換えられると思ってるんです」

それを聞いた梅田の目が光る。

「そのとおり。AI入れてシステム組めば人は半分、いや3分の1に減らせる。ほとんどの人がやってるのは、僕に言わせればブルシットジョブなんだよね。わざわざ人間がやる必要なんてない」

梅田の口調が熱を帯びる。そもそも梅田は、ＩＴ企業での実績を買われ、大昭和出版のデジタル化を推進するために転職してきた。少なくとも本人はそう思っていた。しかし、製造部の厚い壁の前に思うような活動ができていなかった。

「実は、加治本部長もそう思ってるんですよ」

「まさか。あの人はバリバリのアナログ派でしょ」

「ところが、最近はそうじゃないんですよ。ようやく気づいたというか、生産性を上げるにはＩＴだ、ＤＸだとか急に言い出したみたいです。でも相談するのが子飼いの伊部部長でしょ」

製造部の加治本部長がそう言っているのは嘘ではない。ただ、石原が少々誇張したのは事実だ。

「伊部さんはＩＴ化なんかしたら自分の仕事もなくなると頑なに思い込んでいるからな。ＤＸ部門なんて目の敵ですからね」

「そうなんですよ。そこで、製造部の業務をＩＴ化すればこれだけ効率化するというのをこちらで作って、直接加治本部長に見せようかと思ってるんです。ただ、伊部さんは妙に勘だけはいいから、私が頼んでも、なんだかんだいってデータを出してくれないんですよね」

「うーん」

腕を組んで考え込んだ梅田を見て、石原はさらに続ける。

「IT化は時代の趨勢だし、加治本部長だってそれはわかってるはずです。だったら早いほうがいいじゃないですか……そうなると、ゆくゆくは梅田さんが製造部長ってことか」

「えっ？」

梅田が少し身を乗り出す。石原はあえてこともなげに答える。

「当然、そうなるでしょ。もちろん私からも本部長にそう提言するつもりですけどね」

「そうですよね。早くしないとシンギュラリティが来ちゃいますよ。そうだ、データと一緒にダミーのシステムも作りましょうか。台湾から来ているヘンリー・タン、あいつにやらせれば3日でできます。そのほうがわかりやすいでしょ」

「よろしくお願いします、梅田部長」

3日後、石原の手元に製造部のデータとヘンリー・タンの作ったダミープログラムが届いた。

　もちろん、この経緯は吉岡には報告していない。

「そんなデータくらいお安い御用ですよ。それより吉岡本部長、こっちを見てください、これ」

　石原の後ろから待ちきれないという感じで梅田が身を乗り出すと、持参したノートパソコンを吉岡の前に置き、何やら操作を始める。

「ちょっとこれを見てください。本当はスクリーンに映したいんだけど、この部屋にはないですよね。まあいいか」

「おい、いったい何を始めるんだ」

「吉岡さん、梅田部長に製造部がＩＴを導入するとどれくらい業務が効率化するかがわかるよう、ダミーのシステムを作ってもらったんです」

「突貫工事だったんで多少バグがあるかもしれませんが、それはあとで修正します。いいですか、今やってるような、手書きの注文書を工場にファックスで送って、工場ではそれを受け取った人が伝票とつきあわせて在庫を確認するみたいなことは、僕に言わせれば石器時代の仕事。21世紀はここに数字を入れるだけで、見積もりから納品日まで一瞬です。もちろん在庫管理とも連動しているから、いちいち人が確認する必要はありません。それから、グラビアの色校正もこうやってオンラインで共有すれば、工場と本社で同時に確認できます。急ぎのときもバイク便で行ったり来たりなんてバカなこともしなくてすみます。それから……」

吉岡は梅田のパソコンの画面に釘づけになる。今までＤＸといわれても正直よくわからなかったが、なるほどこういうことなのかと初めて合点がいった気がした。確かにこれなら非常に便利になる。そして、同時に人はどんどん要らなくなる。

「これは、このシステムは君が作ったのか？」

吉岡が改めて梅田の顔を見ながら問う。

「僕と部下のヘンリーでね。この程度だったら楽勝ですよ。全部内製でいけます。伊部部長にもそう言ったんですけど、なにしろあの世代の人は頭が固いから。あ、すいません、吉岡本部長はもっと上でしたよね」

吉岡は軽く苦笑した。

「これまでどおりなら製造部のやり方をいちばん熟知しているってことで威厳を保てるの

に、なんで自分がよくわからないＩＴなんて導入しなきゃならないんだってことでしょう」

石原の言葉に吉岡もうなずく。だが、心の中ではこう思っていた。

自分は「あんたはもう会社に必要ない」と言われるのが怖かったんだ。ＩＴ化もいいけど、それは自分が定年を迎えてからにしてくれってな。それで変革を諦めていたのだ。俺もあと10年若かったら、石原のように戦っていたかもしれないな、と。

16　抵抗勢力の足元を崩す

梅田は自分の作ったシステムがことのほか好評だったことに満足し、上機嫌で自分の職場に戻っていった。

「梅田は製造部改革のキーマンになりそうだな」

「私もそう思います。伊部部長も根っからの加治派というわけではありませんから、さっきのダミーシステムを見せれば、何がなんでも反対とは言わないでしょう」

「それとＣＸ後の居場所を用意しておいてやることだ。そうすればものの道理はわかる男だから、必ずこっち側に立ってくれるさ」

人間力でここまでのし上がった吉岡らしい発言だ。

「ところで、営業部のほうはどうでした？」

石原の問いに、吉岡はニヤリとする。

「そっちもキーマンを味方につけたよ」

「それって、佐瀬部長と日下部部長ですか？」

「ご名答」


営業部長の佐瀬亮介は、入社後、一貫して営業部門を歩んできたプロパーのエースであり、取引先はもちろん、社内の他部門を巻き込んでプロジェクトを進めることもできる有能な人物だ。そもそも本が好きで出版社に入った、無類の活字好きでもある。

一方、マーケティング部長の日下部理恵は大学でマーケティングを専攻後、広告代理店を経て大昭和出版に入社。チャラチャラした広告業界に嫌気がさし、地に足の着いた現地現物の世界で勝負しようと転職を決意した骨のある女性だ。

「佐瀬部長はもともと活字に対する愛情が強い根っからの出版人だから、会社の体力が強化されればまた腰を据えて出版の仕事に取り組めると、CXに賛成してくれた。日下部部長も取引先とゴルフや酒で関係を密にして仕事をやりやすくするような営業には嫌気がさしていたから、CXで会社がまともな方向に変わるなら願ったり叶ったりだそうだ」

40代半ばで最も脂の乗った時期でもある佐瀬と日下部はまさに営業部のツートップであり、反対派の急先鋒である営業本部長の武田が最も頼りにする人材でもある。この二人がCXに賛成してくれたのは大きい。

「武田本部長は、営業部はCX推進室にはいっさい協力しないと啖呵《たんか》を切っていましたけど、佐瀬部長も日下部部長も改革派ということになると、これはクーデターですね」

「ということは、行き着く先はチャウシェスクか」

石原は久しぶりに吉岡の笑顔を見た気がした。

17 守旧派の巻き返し

CX推進室立ち上げから3カ月。日に日にCXの青写真が鮮明になってくる。吉岡も石原も手ごたえを感じていた。

そんなある日、事件が起きる。

石原がある朝出社すると、業界新聞を握った部下の本村が、石原が席に着くのも待たずして駆け寄ってきた。

「石原さん、これ、見ましたか？」

そこに掲載されていたのは、ここ数年業績を急激に落とし、業界内では倒産も近いのではないかと噂されていた『理研書院』を、大昭和出版が買収予定だという記事であった。

石原は声を失った。


というのも、進めてきた現状分析の結果、これまでに比べ書籍と雑誌の比重をかなり低くせざるを得ないと判断し、それを前提にポートフォリオの策定を進めていたからだ。それなのに、同業他社を買収したら、ほかに振り分ける予定の経営資源を、また書籍と雑誌に回さなければならなくなる。これでは元の木阿弥《もくあみ》ではないか。

とにかく事実を確認しなくては。

石原が吉岡のところに駆けつけると、吉岡も食い入るように新聞記事を見つめていた。

本部長クラスの彼にとっても、大昭和出版が理研書院を買収するというニュースは、寝耳に水だったのだ。

「行くぞ」

石原と吉岡は社長室に向かう。


ノックへの返事も待たずに社長室のドアを開けると、そこには宮本社長と、なぜか武田営業本部長が一緒にいた。最初に口を開いたのは石原だ。

「宮本社長、この記事にある理研書院の買収というのは決定事項なのですか？」

「ああ、決定事項だ。……で、いいんですよね、社長」

石原の問いかけに答えたのは武田だった。

「いや、まあ、そういう方向で話が進んでいるのは確かだが」

「事業本部にもそういう話はいっさい入ってきていませんが、いったいどういうことなのでしょう？」

吉岡の質問にも再び武田が答える。

「これは帝国銀行から私を通して持ち込まれた案件なのだが、なにしろ急な話だったんでね。理研書院さんも台所事情は相当苦しいようだが、あそこは専門書が強いから、その部門だけでもウチが引き取っておけば損はないだろう。今日にでもデューデリジェンスの結果が出るはずだが、いずれにせよ悪い買い物じゃない。それに、もしウチが買わなくても……」

「社長、聞いてください」

石原は気色ばんで武田の話を遮る。

「現在のわが社は書籍と雑誌に偏りすぎていて、それが経営の非効率化につながっているのは間違いありません。だから、そこを改めた新たなポートフォリオを、今みんなで作っているのです。それなのに、別の出版社を買収なんてしたら、減らすべき書籍と雑誌の比重が逆に増えてしまい、改革の足を引っ張ることになります」

「いいじゃないか。そもそもウチは出版社なんだ。本と雑誌を作る会社なんだよ」

口を挟む武田を真正面に見据え、石原は反駁《はんばく》する。

「武田さんに聞いているんじゃない。社長に話しているんです。少し黙っていてくれませんか」

「なんだと、失礼な」

さすがに武田もムッとして石原に詰め寄ろうとする。そこで初めて社長の宮本が口を挟んだ。

「まあ、向こうの社長と詰めなきゃならん事項もいくつか残っているから、まだ完全に決まったわけじゃないんだが、新聞に書かれたとなると、今さらなかったことにというのもちょっと難しいな」

宮本社長がそう言うのを聞いて、石原は悟った。この情報を新聞社にリークしたのは武田に違いない、と。

18　災い転じて福となす

「理研書院の買収は、決定です。残念ですけど、もうどうにもなりません」

アルセーヌの奥のテーブル席で、石原は吐き捨てるようにそう言うとビールをあおる。

「総合情報会社に生まれ変わるはずが、これでは逆戻りだ」

隣の吉岡も明らかに意気消沈している。

「最初に立てた予定どおりにいかないのは想定内。改革というのはあちこちぶつかって形を変えながら前に進んでいくものです。だから面白いのです」

「面白いってどういうことだ、南条」

「まあまあ、そう熱くなるな、石原。お前に連絡をもらってから理研書院の中身を調べてみたんだが、この買収そう悪い案件じゃないぞ」

「悪い案件じゃないとは？」

石原ではなく、吉岡が口を出す。実はちょっと前からこの会合には吉岡も参加するようになり、もともと改革派である吉岡は、石原が軽く嫉妬するくらいに南条とすっかり意気投合していたのだ。

「はい、吉岡さん、これから説明します。理研書院ってＩＴ系に強いんですよね」

「ええ。ただ専門性が強すぎて本はあまり売れてませんが」

買収騒動が勃発して以来、理研書院についてさまざまなリサーチをしてきた吉岡が答える。

「そこなんですよ。いいですか、これはかなり価値のある知的財産だと私は思います。ならば、これを一般の人向けのデジタル教材に作り変えるというのはどうでしょう。

たとえば、初級から国家資格の取得を目指す上級まで、いくつかのテーマでレベル別の講座を作るのです。法人向けでもいいですよ。その場合は定額制にしてその会社の社員はいつでも好きなときに何度でも受講できるようにする。そういう新しいビジネスモデルを作る資源が手に入ったと思えばいいんじゃないですか」

「なるほど、売れない本しか作れない出版社を抱え込んだと考えなければいいんだ。それに、もともとウチは『ビジネス資格道場』という雑誌も出しているのだし」

吉岡は思わず膝を打った。

「さすがは南条。どうだ、ビールもう1杯」

石原も表情がすっかり明るくなっている。

「いや、そろそろワインにするか。高いやつな。それと石原、経営理念を見せてもらっていいか」

前回の打合せで南条は石原に、新しい組織図とともに、新たな経営理念を作るという宿題を出していたのだった。

「おお、考えてきたぞ。ぜひ見てくれ」

石原はそう言うとＡ４の紙を取り出した。

南条はそれを一瞥《いちべつ》すると石原に突き返す。

「ダメだ」

「おいおい、もっとよく見ろよ、5案も作ってきたんだぞ、全部ダメってことはないだろ」

「『地球上で最もお客様を大切にする企業』、これはアマゾンだろ。『人々の心を豊かで活力あるものにするために　一人のお客様、一冊の本、そして一つのコミュニティから』、これはスターバックスの企業理念の『一杯のコーヒー』のところを『一冊の本』に入れ替えただけ。ほかの三つもパクリじゃないか」

苦笑する吉岡の横で、石原は軽く頭をかく。

「まあ待てよ。企業理念なんて額に入れて飾っておくものだろ。だったらそれっぽいものでいいんじゃないのか」

「いいか石原、どんなに理にかなった組織や事業ポートフォリオを作っても、それだけでは社員は協力してくれない。社員の協力が得られなければCXは失敗だ」

「俺たちの提示するものを見せたら、誰だって今よりこっちのほうがいいと思うに決まっているさ」

この数カ月間の取り組みで、石原は今回のCX案に絶大な自信を持っていた。頭の固い上層部はともかく、この案なら、社員のみんなは必ず理解してくれる。しかし、南条は首を振った。

「ところが、そうじゃないんだ。なぜなら変化より現状維持のほうが楽だから。ジリ貧だとわかっていても、本当ににっちもさっちもいかなくなるまではそこにしがみつこうとするのが人間なんだ」

「じゃあ、変わろうという気にさせるにはどうすれば？」

「企業理念だ。企業理念が社内に浸透し、なおかつ社員に共有されているなら、その企業理念達成のためにCXが必要なのだという説明ができる。

その代わり、企業理念という旗には、その下に社員を集められるだけの力がなければならない。単なる飾りじゃ意味がないんだ。

自分たちの会社の存在意義、それが企業理念だ。それをどういう言葉にすればみんながその気になってくれるか、もっと真剣に考えるべきなんだ」

それまで横で聞いていた吉岡が、合点がいったという顔でうなずく。

「なるほど。パーパス経営が流行っているのも、そういうことなんですね。石原、若手も入れて、みんなで考えてみよう」

「そ、そうですね」

石原はテーブルに置いたA4の紙を、ばつが悪そうに自分の鞄に戻した。

19 買収先社員の嘆き

石原が受け取った名刺には「理研書院第二書籍部編集員　菊地原雄一」と書かれていた。

守旧派であるとともにディベート力に長けた切れ者の武田本部長と対等に渡り合うためには、今回の買収相手である理研書院の内部情報を手に入れる必要がある。そう考えた石原は、理研書院の社員とつながりのある人物を探し始めた。

すると、偶然にもマーケティング部長の日下部理恵のゼミの後輩がそこで働いていることが判明。さっそく彼女にその人物と連絡をとってもらい、日下部にも同席してもらって理研書院近くのカフェで会うことになったのである。

「今日は日下部先輩の紹介なんでお会いしましたが、あんまり役に立たないと思います。今度の買収が正式に決まったら、僕、会社を辞めるつもりなんです」

開口一番、石原たちに冷や水を浴びせるように、菊地原はこう言った。

「菊地原君、辞めちゃうの⁉」

普段から声の大きい日下部がさらに大声を出し、周囲の客たちの視線が集まる。どうやら彼女にとっても寝耳に水だったらしい。

「買収された会社の社員なんて、遅かれ早かれリストラ対象ですからね。あーあ、この年でまた就職活動か」

こういうネガティブ体質の奴は苦手だ。

度の強いメガネをかけてボソボソ話す菊地原を見ながら、石原はついそう思ってしまった。しかし、自社が買収されるとなって、ポジティブな人間などいないだろう。石原は頭からその考えを慌てて振り払うと、努めて明るく話し始めた。

「理研書院の社員がリストラ対象なんてことはないと思いますよ。実は、御社がわが社のグループになったら強みを生かして、ＩＴ系の資格試験の教材を作れないかと考えていて、今日はその相談をさせてもらうつもりでうかがいました。菊地原さんの第二書籍部は、まさにＩＴ系の専門書を作っている部署ですよね」

「教材ですか。できなくはないですけど、でも売れないですよ。本なんてとっくの昔にオワコンじゃないですか」

　菊地原のネガティブな表情はまったく変わらない。

「だから、それをオンラインを使ったサブスクでやろうと思っているんです」

「オンラインのサブスク。無理無理、絶対無理っしょ」

「ちょっと菊地原君、まじめに話を聞きなさい！」

　日下部に怒鳴りつけられ菊地原は震えあがる。どうやら、大学時代の先輩後輩の序列はまだ有効なようだ。

「す、すいません」

「まあ日下部さん、菊地原さんもせっかく時間を割いてくれているんだ」

　この男と長く話していてもあまり有益な情報は期待できないかもしれないな。

　石原はそんな自分の気持ちが顔に出ないよう気をつけながら言葉を続ける。

「ＩＴ資格取得のためのオンライン教材、私はいけると思うんですけど、ダメですかね」

「……だって、結局売りたいのは本なんでしょ」

　菊地原はそう言って一瞬間を置くと、今度は急に早口で話し始めた。

「それは以前僕も考えましたよ。上司に相談もしたし、企画書も作った。でも、しょせん売りたいのは本。上がみんなそう考えているから、現場が何を言ったところで始まらない。かくして出版業界は本が売れてよかったころの夢を見ながら滅びていくんです」

石原はこの言葉で、菊地原に対して急に親近感を覚えた。そう、大昭和出版だけじゃない。この業界に勤めている人はみんなそう感じているんだ。だから、俺たちはブレイクスルーを起こさなければならないんだ。

「あなたの言うとおりだ、菊地原さん。だから私たちは出版社をやめようと思っているんです」

「出版社を、やめる」

菊地原は不思議そうな顔で石原を見る。

「本じゃなくてコンテンツを、それに最もふさわしい形で販売する企業に生まれ変わるのです。紙、ネット、SNS、セミナー、そういったものの中から何を選ぶかは、マーケの日下部君たちが考えてくれるでしょう」

「だ、だったら、僕が前に作った法人向けネット講座の資料があるので、それ見てください。今から会社に戻って取ってきます」

菊地原はそう言うともう店を飛び出していた。

石原と日下部は思わず顔を見合わせる。

「すいません、石原部長。昔からあんな感じなんです。礼儀知らずというかなんというか」

「いや、いいんです、日下部部長、いい人を紹介してくれました。この買収は俺たちにとって吉と出る、必ず」

石原は確信した。

菊地原が言うとおり、情報を本というパッケージだけに詰め込んで売る商売はもう時代遅れに違いない。

発信にはいろいろな形があっていいし、一つに限定する必要もない。シナジーだ。組み合わせることでさらに価値が高まる。

そうなると、今回のＣＸの肝はやはり組織改革だ。

「時間、大丈夫ですか。私ここで待ってるので、お忙しいようなら先に会社に戻られても」

「いや、もう少し彼と話してみたい。なんならパフェでも食べようか？」

「じゃあ、メニューもらいますね。すみませーん」

相変わらず日下部の声は大きい。

20　揺り戻し

休日、書店に立ち寄った石原の目に、大々的に「10万部突破！」と書かれたＰＯＰの文字が飛び込んでくる。

『ひと月リンゴ１００個で10キロ痩せた』

最近、どこの書店のベストセラーランキングにも入っている、久々の大昭和出版のヒット商品である。

社員として、やはりヒット商品が出るのはうれしい。その半面で、書籍事業を縮小しようとしている矢先にこうしたヒットが出たことに、石原は皮肉めいたものを感じざるを得なかった。

事実、営業本部長の武田の鼻息は荒い。「やはり大昭和出版の事業の核は書籍だ」とあらゆるところで言い放っているようだ。

一方、営業部長の佐瀬の態度は対照的だった。ある会議のあとに立ち話をしたのだが、思ったほどは喜んでいないのだ。

「編集部とちょっともめているんですよね」

どうも、武田の鶴の一声で大増刷を決めたはいいが、確かに売れてはいるがさすがに刷りすぎということで、編集部は返品を気にしているらしい。また、刷ったからにはそれを売るための施策が必要だが、それも不十分だということで、著者からも「もっと頑張ってほしい」とのクレームが入っているそうだ。一部の書店からも、「こんなに大量に送られても困る」という意見が入っているという。

「せっかくいいコンテンツなのだから、もっといろいろな売り方ができると思うんですよね。実は著者からもこんな話が来ていて……」

読書家の佐瀬が「コンテンツ」という言葉を使ったことに、石原は気づいた。佐瀬はすでに、ＣＸの先にある未来を思い描いているのかもしれなかった。

役員検討会はいよいよ、来週に迫っている。

21　対決

「それでは、これからＣＸ推進室石原部長より、ＣＸに関する提案をさせていただきます」

本村の声で資料を抱えた石原が登壇すると、重役の面々の視線がいっせいに集まる。

石原は深呼吸をして会議室をゆっくり見渡す。社長である宮本はもちろんのこと、上司である吉岡や島の顔も見える。心なしか二人は少し緊張しているようだ。最大の抵抗勢力である武田と加治は、後方に隣り合って座っているのが確認できた。

大丈夫だ、落ち着いている。

「それでは始めさせていただきます。私たちＣＸ推進室では、前回の中期経営計画の提案から3カ月かけて、再度各事業、各部門の経営状況を精査いたしました。それをまとめたものがこちらです」

正面のスクリーンに事業・部門別のＰＬと主要経営数値をグラフ化したものが映し出される。今まで誰も見ようとしなかった、事業ごとの数字を算出したものである。これを見た参加者たちからいっせいに声が上がる。

本当に正確なのか、この数字は。

捏造だ捏造。

俺のところはもっと利益が出てるぞ。

「お静かに。質問は後ほど受けつけます」

石原のサポートとして後ろに控える本村が必死で会場を落ち着けると、石原が続ける。

「数字は一部推定値の部分もありますが、経営状態を判断するには問題ないと思います。それで、この調査の結果、過去５年の間一度も黒字を計上していない事業がいくつかあることが明らかになりました。さらに、赤字事業のいずれもが、次年度以降も黒字化の目途が立っていないのです。それで、ＣＸ推進室では、以下の事業はこれ以上傷口を広げるのを防ぐために、即刻撤退すべきだと判断いたしました」

スクリーンに事業名が列挙される。そこには看板雑誌である『エイミー・ジャパン』と『受験の友』も入っており、再び会議室内は騒然となった。

営業本部長の武田が立ち上がる。

「おいおい、いい加減にしないか。エイミーも受験の友もわが社の看板雑誌だ。撤退なんてできるわけないだろ。それにエイミーは鬼沢ががんばって立て直したじゃないか。いったい何を調べたんだ」

製造本部長の加治もすかさず援護射撃に回る。

「数字だけはちょこちょこよく調べたようですが、大事なことを忘れていませんか。わが社は出版社なんです。大昭和出版といえばエイミー・ジャパン、大昭和出版といえば受験の友。多少売上が下がったからといってこのブランド価値を手放すなんていうのはまさに素人の発想です。皆さんもそう思いませんか」

加治がそう言うと、周りから拍手が湧き起こる。

「ちょっと待ってください。まだ途中です。私たちはエイミーや受験の友をやめてしまえと言っているのではありません。今の形態のまま続けるのは会社にとってマイナスだから、やめましょうと言っているのです」

「どうするというんだ。隔月にするのか、それとも季刊か?」

すでに武田は勝ち誇ったような顔をしている。

「コンテンツ化します」

「コンテンツ化だと⁉」

「これから詳しく説明します。いいですか、これが現在の当社の組織図です。それをこのように変えます」

それまで大昭和出版は、制作部、編集部、校正部、営業部、物流部のような機能部門ごとの事業部制を敷いていた。これがＣＸ推進室案では、コンテンツ事業部、法人ソリューション部、教育事業部といった提供価値をベースにしたものに置き換わっている。

「エイミーや受験の友は、コンテンツ事業部のコンテンツの一つになります」

重役たちはしばらく、この新しい組織図を無言で眺める。

「営業部がないようだが、どうなっているんだ」

最初に口を開いたのは武田だった。声に当惑と怒りが感じられる。

「営業部はありません」

「何？　ないだと？　どういうことだ、石原」

「新組織では各事業部が主体となります。営業もこれからは、それぞれの事業部の所属となるので、営業という部署はなくなります」

今度は明らかに怒気を帯びた声で武田が怒鳴り、立ち上がる。

「そんなバカなことがあるか。宮本社長、いいんですか。なんとか言ってくださいよ」

「まだプレゼンの途中だ。最後まで聞こうじゃないか」

宮本から期待していた助け船が出ず、武田は呆然と立ち尽くす。

石原はさらに話を続ける。

「新しい組織では事業部管理会計を導入します。事業部ごとに損益計算を行うのです。さらに、どんな付加価値をどういった戦略で達成するのかといったことも事業部で考えてもらいます」

「そんなことをやったって混乱するだけで、逆に数字が下がるのがわからないんですかね」

今度は加治が冷笑を含んだ声で口を挟む。石原は努めて冷静に対応する。

「そうかもしれません。けれども、よく考えてみてください。大事なのはゴーイングコンサーン、会社が10年後も20年後も存続することです。そのためには、たとえ一時的に業績が下がったとしても仕方がない。むしろ、まだそれに耐える余力のある今、改革に着手し

図7 組織変更の概要

Before

■機能別組織のため、各本部は業務遂行責任はあれど利益責任はなし。
（利益責任を負うのは唯一事業本部長のみ）

➢製品別の利益も「見える化」できず。「見える化」しても（計算上の）配賦ベースなので現実感がない。設備廃棄の意思決定権も事業別には持てないので、撤退の意思決定につながらない。

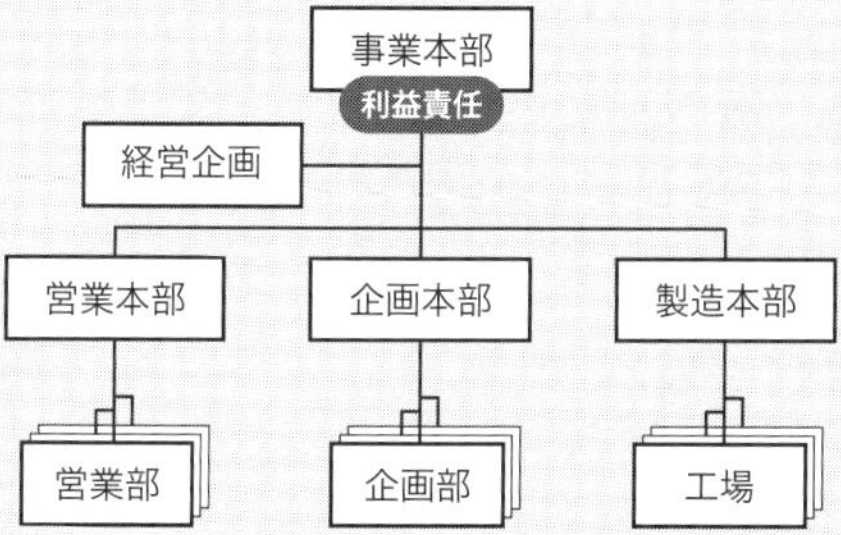

After

■各事業（製品・サービス群）別に機能を垂直統合（一気通貫）で保有させることにより、利益責任を明確化。

➢資本効率に従って、事業間の経営資源の投入・引き揚げが可能になる（評価処遇にも反映）ことで、事業ポートフォリオの入れ替えが迅速・スムーズになった。

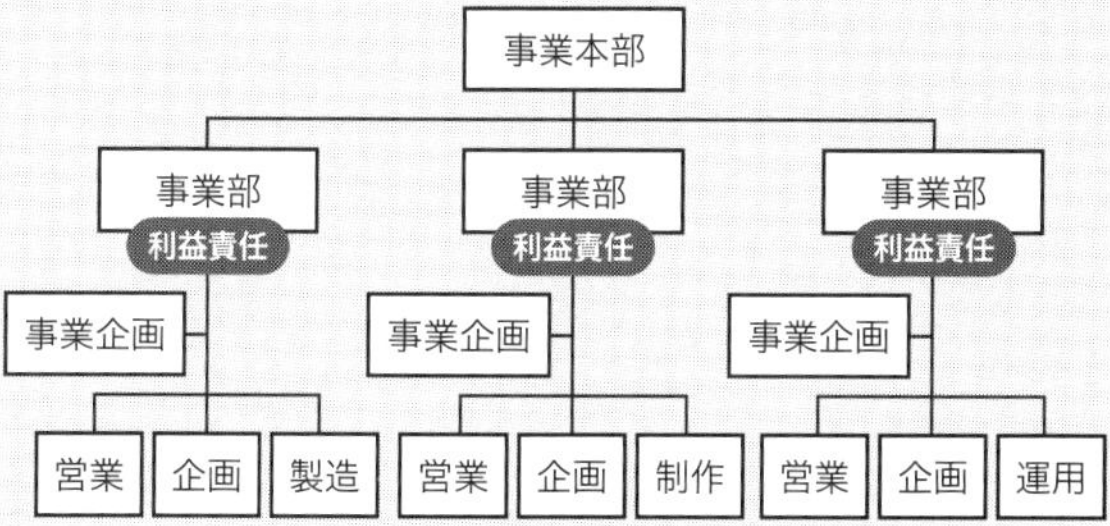

ないと手遅れになります」

石原はここでひと息つくと、加治の顔を見つめこう言い放った。

「加治さん、あなたはまさか自分が在籍している間だけ会社がもてばいいと思っているのではないですよね」

「バカな、そんなことあるはずが……」

加治は言葉につまって黙り込む。

「次にこれを見てください。

新組織では単に売上や利益を追いかけるのではなく、事業部ごとにＫＰＩを策定してもらいます。さらにそのＫＰＩを分解して課題を明確化し解決していく。そうやってこれまであった無駄や非効率を排除していきます」

「すまんが、ＫＰＩとは具体的にどういったものだ？」

ある役員の質問に石原は簡潔に答えると、以下のように続ける。

「私が今話しているのはアウトラインにすぎません。管理会計やＫＰＩの策定をどうするかといった具体的なことは、外部講師を招いて研修を行う予定です」

「ちょっといいですか、皆さん」

図８ 重要経営管理指標（KPI）の設計

KPIの設定と運用のポイント

KPIを分解し、課題ポイントを明確化して改善活動につなげる
（ただし詳細すぎる設定は機能しなくなるため部門レベルが適当）

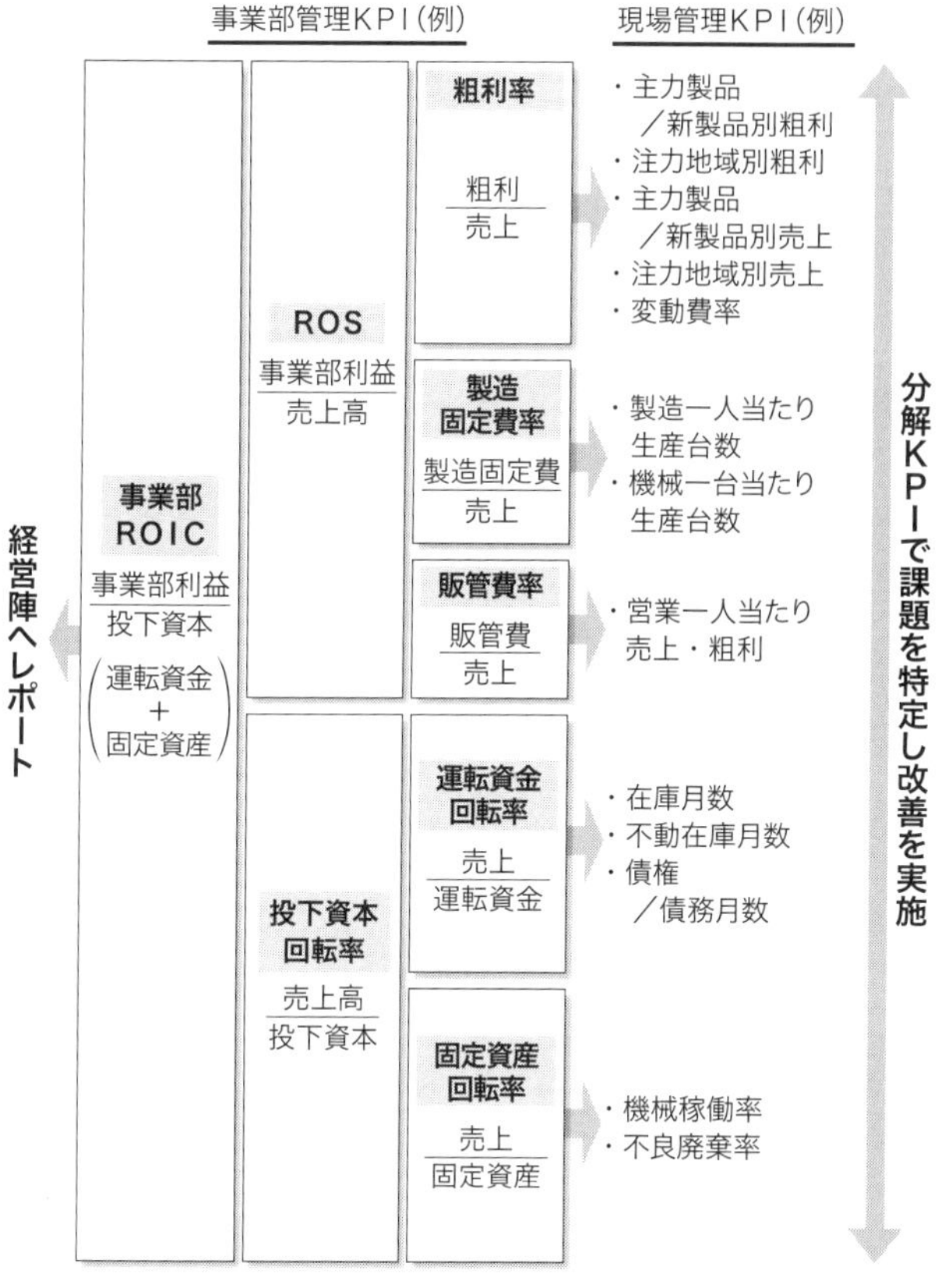

再び武田が立ち上がると、顔の前に書籍を掲げる。

「ご存じですよね、わが社の新刊です。『ひと月リンゴ100個で10キロ痩せた』、素敵なタイトルじゃないですか。加治本部長、刷数は10万部超えたんですって？」

武田は隣にいる加治に本を見せる。おそらくは事前に口裏を合わせておいたのだろう。

加治が答える。

「ええ、まだ売れ続けています。次が5刷りです」

「いい本を作って営業が頑張れば、こうやってヒット作が出る、これこそが出版業の醍醐味というものです。わが社はこれまで何冊もベストセラーを出してきました。それは、売上やコストよりも、出版人としての矜持《きょうじ》と自由な発想を大事にしてきたからこそ実現できたのです。

それなのにＫＰＩだなんだと言い始めたら、せっかくのわが社のよさが失われてしまいます。自殺行為ですよ、まったく」

「そのとおりです」

加治も同調する。加治はさらに周囲の参加者一人ひとりにゆっくりと、しかしにらみつけるような視線を向ける。その視線に気圧《けお》されるかのように、他の参加者からも次々と賛同の声が上がる。

この展開に満足げな笑みを浮かべた加治は、最後にその視線を石原の上司である島に向けた。

「島さんはまだひと言も発していないようですが、本音ではそう思っているんじゃないですか。部下の石原部長が勝手に突っ走っているだけですよね？」

加治は島に同意を迫る。

「それは違う」

しかし、声を上げたのは島ではなく、吉岡だった。

吉岡はゆっくり立ち上がると話し始める。

「その本は確かに久々のヒット作です。武田さん、営業部としてもしてやったりでしょう」

吉岡は武田の顔を見る。

「健康モノは強いんだよ、ウチの営業は。健康モノだけじゃないけどね」

「でもね、武田さん、編集部の士気は上がっていませんでしたよ」

「何をいい加減なことを。作った本が売れて盛り上がらないなんてことがあるか」

「本当に売れていればね。でも、私が編集部で聞いた話では、久々に初速がよかったので営業が強気になって、それで部数が膨らんだということでした。これで売上が止まったら、書店からドカンと返品がくる。そうなると責任を取らされるのはいつも自分たちだと。こんな状態で士気が上がりますか?」

「それは……弱気じゃ売れんさ」

「しかし、その強気の姿勢が現場を疲弊させ、著者や書店に迷惑をかけている側面があると聞いています」

これは、営業部長の佐瀬から事前に得た情報である。もちろん、情報源は明かさないが、自部門の内部に不満分子がいることを敏感に感じ取った武田はさらに顔を紅潮させる。

「どこの誰がそんなことを言っているんだ。今すぐここに連れてこい!」

しばらくの間、誰が言っただの言ってないだのといった不毛な押し問答が続く。それが5分くらいも続いただろうか。武田も吉岡もさすがに怒鳴り疲れてきたころ、おもむろに石原が口を開いた。

「この著者が立ち上げたＹｏｕＴｕｂｅのダイエットチャンネルをご存じでしょうか」

珍しくジャケットを着て後ろに控えていた石原の部下の黒川が、気を利かせて素早くパワーポイントの画面を閉じ、ＹｏｕＴｕｂｅを開く。

「最近、同著者の別の本を出した出版社と組んで立ち上げたものです。関係者から得た情報ですが、この事業による収益は……」

石原が口にした金額の大きさに、一瞬、場が凍りついた。

「この話は、もともと最初の出版元である当社に再三打診があったそうですね、武田本部長。しかし、こうしたコンテンツを企画したり運営したりする窓口がないからと放置した挙句、他社に持っていかれてしまったわけです」

武田もさすがに覚えている。著者から直接相談されたこともある。放置したというより、「握りつぶしていた」というのが正解だ。

武田の額に汗がにじむ。助けを求めるように隣に座る「盟友」の加治を見たが、加治は下を向いて黙り込んでいる。

「出版にこだわって、うまくやればもっと利益を生み出せるコンテンツをみすみす逃している、それが今の当社です。違いますか、武田さん、加治さん」

武田は反論しようと口を開いたが、言葉が見つからずに口をパクパクと動かすしかなかった。加治は黙って下を向いていた。

「石原、続けてくれ」

しばしの沈黙のあと、吉岡が切り出した。石原はうなずく。

「それでは、最後に企業理念です。新しく生まれ変わるには、全社員が心を一つにする必要があります。それで、こんな企業理念を考えました」

スクリーンに髭をたくわえた年輩の男性の顔が映し出された。

「自由民権運動を推し進め、日本の近代化に大きな貢献をした板垣退助。彼を有名にしたのがこの言葉です」

板垣の顔の横に『板垣死すとも自由は死せず』という、あの有名なセリフが出てくる。

「彼が暴漢に襲われたとき発した言葉といわれています。私はこの板垣退助にインスパイアされ、当社の新しい企業理念をこうしました」

スクリーンに文字が現れる。『書籍死すともコンテンツは死なず』。

「書籍が死ぬってどういうことだ……?」

すっかり迫力を失った武田の言葉に、石原は静かに答えた。

「実は板垣はこの言葉を発したあとも、そこで命を落とすことなく、政治家を続けています。書籍は死ぬわけではなく、そのくらいの覚悟で改革を成し遂げたい。その思いをこの言葉に込めたのです」

「その志やよし」

その声は、社長の宮本だった。

「どうやらわが社はCXをやったほうがいい。いや、やるべきだ。私は今日、石原君のプレゼンを聞いて心からそう思った。どうだ武田」

「……はい、社長がそうおっしゃるなら」

武田は絞り出すように声を出す。

「加治はどうだ」

加治はうつむいたまま答えなかった。

「他のみんなはどうかな」

しばらくの沈黙ののち、拍手が湧き起こった。

CXのリアル・ノウハウ6

事業戦略の策定と定着に向けて

大事なのは「誰が進めるか」

本書では、役員検討会の意思決定までのドラマを描いたが、実際は、このあとに二つの段階が続く。フェイズ3は、市場・競合を分析して事業進化仮説を洞察する段階だ。ただ、このフェイズの進め方はオーソドックスな戦略策定と大きく変わらないため、類書に譲りたい（興味がおありの方は、本シリーズ『IGPI流 経営分析のリアル・ノウハウ』『IGPI流 ビジネスプランニングのリアル・ノウハウ』を参照されたい）。

CXの文脈で大切なことは、今までは現業の利害関係者から離れて経営企画部やCX推進室で進めていた検討を、もう一度現業部門に戻し、事業部の立場で計画策定させることである。これにより、実行段階で欠かせない具体性（リアリティ）と本気度（コミットメント）を打ち込むことができる。

具体的には、組織再編後に想定されるリーダー候補を「影のライン長」として、自分事として魂の入った事業戦略を策定させることが肝要となる。それまで特命プロジェクトとして進めていたとしても、この段階では再び現場のラインに戻すということである。

そのためにも、再編後にリーダー候補の右腕・左腕となるチームの組成、つまり幹部人事の素案作りも同時並行で進めることが望ましい。

このストーリーにおいても営業部長の佐瀬やマーケティング部長の日下部、ＤＸ部長の梅田といったキーパーソンが出てきたが、彼らを巻き込んで素案作りをしていくということになるだろう。

このフェイズは、事実上の新執行部体制の助走に当たる。そのため、責任者候補の腕前を見極めた上で、もし不適任であったら交代させることもできる。

変革を推進するために必要な役割とは？

そして、その先にあるのが「ＫＰＩ設定・定着運用」のフェイズである。

新体制が無事に発足したとしても、まだ会社の組織が変わっただけで事業の中身は何も変わっていない。つまり、ようやくスタート地点に立ったにすぎず、これから実務レベルの現場で変革を遂行する挑戦が始まる。

この段階の推進体制は、もはや「特命プロジェクト」も「影のライン長」も必要ない。実際の新組織構造で事業を遂行しながら変革が進められる。従って、短期的な業績の達成のためにＣＸの遂行が劣後・うやむやにされていないか、変革の進捗を管理する機能は、再び社長直轄で残す必要がある。

図9 新体制の「助走」

Phase3 事業別戦略の策定、運用ルール策定（＝助走）

■**事業責任者による確実な実行を担保**するため、事業責任者（候補）に自らの手で計画を策定させる
➢責任者候補の見極めも兼ね、必要に応じて候補の交代もさせる

ゴール	・事業再編後に、当事者による達成の蓋然性が高い計画の策定
体制	**・各事業責任者（候補）が、経営陣に報告** ➢新・事業部の「助走」（スムーズな立ち上げとコミット）
実施内容	**・事業責任者（候補）による事業戦略の具体化** ➢数値計画・行動計画の策定（「中計」タイミングと平仄） ➢部門組織・管理職人事、部門別計画の策定 **・利害関係の調整** ➢顧客担当部署（アカウント）仲裁 ➢部署の所属（責任権限）・費用負担の裁定 **・各種ルールの策定** ➢社内取引制度・管理会計 ➢評価制度

要諦　**将来の実際の責任者（当事者）自身が計画策定することにより、改革方針の具体性（リアリティ）と本気度（コミットメント）を担保すること。事業部傘下の各組織も同様**

図10 新体制の発足

Phase4 新体制始動、KPI 設定・定着運用

■**各事業の業績と、事業ポートフォリオ上の位置づけを定期的にモニタリング**
➢現場管理に活用。また、事業撤退・売却の判断を随時実施

ゴール	・**ポートフォリオマネジメント**のための管理指標・管理体制構築 ・事業ポートフォリオ経営の実効化：事業モニタリング
体制	・指標策定は、事業本部および各事業部の経営企画と協議 ・算出結果は**経営陣に報告、経営議題化**
実施内容	・事業本部の **KPI ／モニタリング指標に運用・実施** ➢さらに細分化した部署別指標にブレイクダウン ・モニタリングの**月次業務設計** **・月次 KPI モニタリングに基づき、定常的に PF 管理・資源再配分・事業戦略見直しを行う体制を構築** **・上記が自走可能なサイクルとして定着するまで伴走**

要諦　**戦略目的を踏まえた指標の妥当性（合目的性）と部署の権限との一致。運用の会議体資料への組み込み・社内共通言語化**

22　祝杯

「乾杯！」

いつものアルセーヌの片隅のテーブルで、石原と南条はグラスを重ねた。

「言ったとおりだったろ。ＣＸはやると決まってからが大変だって」

「ああ、最後は丁寧に説明するしかないって言われて、毎晩面倒な奴らと会食してたんで、半年でかなり太っちまったよ。ただ、社内でも人望のある佐瀬部長と日下部部長が改革の先頭に立って動いてくれたのが大きかったな」

実際、この半年は苦難の連続だった。

検討段階では歯切れのよい発言をしていたはずのメンバーが、実行段階で自らが責任者となったとたん、急に抵抗勢力になるようなこともしばしばあった。しかも、社長を交えた進捗会議の場では、依然として口先だけは前向きなことを言う。その上で、部下には「この問題に手を入れるかどうかは自分が決める」と言ったりするのだ。

ホームページにリンクを一つ貼る意思決定すら「代理店は了解しているのか」などと言

ってきて、半年かかったこともある。改革となんの関係もないスキャンダルがマスコミにリークされ、ちょっとした問題になったこともあった。

「加治本部長はよく納得してくれたな」

「あそこまではっきり数字を見せられたら、自社で製造や物流を持つのは無理だって納得しないわけにはいかないだろう。それにアウトソーシングの司令塔という役割にもまあ満足しているみたいだし」

「武田本部長は辞めたんだって？」

「知り合いの出版社の管理職に収まったみたいだ。でも、いいのかな、同業他社で」

「ああいう人だから、うまいこと逃げ切るんじゃないか」

「それより南条、今回はずいぶん助けてもらったけど、その、本当に報酬は飲み代だけでいいのか？」

「もちろん、最初からそういう約束だろ。それに、社員研修の仕事も出してもらったしな」

「今日はなんでも飲んでくれ」

「じゃあ、オーパスワンでもボトルでいただこうか」

「……多少遠慮してもバチは当たらないぞ」

「おっと、失礼」

南条はスマートフォンに目を落とす。

「すまん、急用が入った。オーパスワンはこの次だ」


ありがとう、南条。

鞄を握ると慌ててドアに走る南条の背中に、石原はビールグラスを持った手を掲げる。

23 エピローグ

「あれ、お父さん会社は？」

リビングに入ってきた沙代は、ひどい寝癖がそのままだ。

「今日はリモート。なんだ、今起きたのか」

石原はキーボードを叩く指を止めずにそう答える。

「とうとうリストラされちゃったのかと思った」

「バカ言うな。俺にもコーヒー淹れてくれ」

「はいはい」

「そういえば前にお前、出版は不況業種だとか言っていたな」

「うん、大学でそう習った」

「そのとおりだ、不況業種だ、そして先がない」

沙代が手を止める。さすがにちょっと心配そうな表情で振り返る。

「本当にリストラされちゃうんじゃないよね」

「されるか。なぜなら大昭和出版はもう出版社じゃない、総合情報会社に生まれ変わるのさ」

「総合情報会社、なんだかカッコいいじゃん」

「未来あふれる会社だぞ。お前も面接受けるか？」

「うーん、考えとく。はい」

沙代が安心したような顔で、コーヒーをキーボードの横に置いた。


――第1部　完――

第2部

ワンマン企業を「普通」の会社に

——地方中小企業のCX

1　ワンマン社長

「この役立たずが。いったい何年財務部長をやっているんだ」

辻正和はとっさに体を半身にして、右手で顔を防御する姿勢をとった。

山陰パイプ二代目社長の二階堂総一郎が、机の灰皿に手を伸ばしたからだ。

しかし、二階堂は灰皿を手前に引きタバコの灰を落としただけだった。

辻はホッとして右手を下ろすと、そこに火の点いたタバコが飛んできた。

幸いタバコは命中せず、辻の足下に落ちる。

「拾えよ、バカヤロー」

辻はあわててタバコを手に取ると、二階堂の机に駆け寄り、机の灰皿に押しつけて火を消した。

「なんで消すんだよ、まだ吸えるだろ、バカヤロー」

「すみません」

辻は一歩下がって腰を90度に折る。

「二期連続利益が出てないだぁ。景気が悪いんだからしょうがねえだろ。長年つきあって
やってるのに、カネ貸せねえとはどういう了見なんだ。ああ、辻」
「それが、新しい頭取になって経営方針が変わったから、これからはルールを厳格に守ら
せてもらうと。それで、コベナンツを出してきて、新規融資どころか来期も赤字なら貸付
金の金利を引き上げる、場合によっては一括返済も辞さないと……あっ……」
今度は灰皿が飛んできて辻のおでこに命中する。
「辻さん、社長が怒るのも当然だと思わない？　太陽銀行とは先代からのつきあいじゃな
い。それがここにきて突然ルールだから厳しくするって、それはないわよ。それに、太陽
銀行の須田はもともとあなたの部下だったたんでしょ。だったらもう少し強気に出てもいい
んじゃないの。ねえ」
二階堂の横から副社長の有野洋子が口を挟む。
「今からもう一度銀行に行ってこい。融資を引き出すまで帰ってくんな」
「は、はい」
辻は額を押さえながら社長室をあとにする。

2　地元の有名企業として

西日が差す公園で辻が一人、ブランコに腰を下ろしている。

二階堂の逆鱗に触れた辻は会社を飛び出すと、その足で太陽銀行を再訪し、山陰パイプの担当者であり、自分の元部下でもある須田仁と面会したが、結果は同じだった。それはそうだ。辻自身が銀行からの転籍組だけに、銀行の論理は痛いほどわかる。

追加融資が効果的な投資に回ればいいが、山陰パイプの予算配分は、常に社長の二階堂の気分次第。30年にわたって独裁体制を敷いてきた二階堂は、部下どころか銀行の助言すら聞く耳を持たない。

山陰パイプが本拠を置くのは、山陰地方の人口6万人ほどの小都市である。老舗企業ということもあり、地元ではそれなりの知名度を誇っている。少なくとも、駅前のタクシーで名前を挙げれば、「ああ、あそこね」という返事が返ってくる。

これまでは、地元を代表する企業ということで、銀行も大目に見てきたが、太陽銀行の新しい頭取は不良債権を許さないガチガチのタカ派。須田も、説得しようがないという。

新規融資が受けられなければ、ウチは資金繰りが極めて厳しくなる。貸付金利を引き上げられたら、財務状況はさらに悪化して、浮上の目はない。

そうなったら太陽銀行は融資を引き上げにかかるだろうし、ほかの金融機関も漏れなく右に倣えだ。

おそらく太陽銀行は、山陰パイプが自力で再浮上するのは困難だと見ている。須田は口にこそしなかったが、もしかしたら、すでに買い手探しに動いているのかもしれない。

しかし、いくら自分が事情を説明しても、二階堂は銀行が求めるような経営改革や体制変更は呑まないだろう。また怒鳴られるのが関の山だ。

ただ、須田は最後にこんなことも言っていた。

個人的にものすごく信頼できるコンサルタントを知っている。その人を紹介するので、力を借りて立て直しを図ったらどうか。

コンサルタントか……。

「辻さん。辻さんじゃないですか」

辻が顔を上げると、広場を横切って営業部長の東郷信吾が大股で近づいてくるのが見えた。営業一筋で東京、大阪の各支店長を歴任したエースであり、多少猪突猛進なところはあるが、誠実で明るい人柄で多くの社員から愛されている。

「やっぱりそうだ。公園突っ切って会社に戻ろうと思ったら、死にそうな顔でブランコに揺られているおじさんがいたんで、あんまりかかわり合いたくないなと思いながら近くまできたら、よく知ってる顔じゃないですか。何やってるんですか、こんなところで」

辻とは同じ50代前半で年も近く、気兼ねなく話せる間柄だ。それだけに物言いに遠慮がない。もっとも、50代にしては若々しい東郷と比べると、確かに自分は疲れたおじさんだ、と認めざるを得ない。

「いえ、私も会社に帰るところです。なんだか疲れてしまって……そうだ、東郷さん、コンサルタントってどう思いますか?」

「なんですか、藪から棒に。え、ひょっとして辻さん、コンサルタントに転職するとか」

「ま、まさか。実は……」

辻は東郷に、太陽銀行から融資を断られ社長の二階堂が激怒していることや、会社の財務状態がかなり悪いことなどをぽつりぽつりと伝えた。

「今回は銀行も強気なんです。会社ももたないかもしれません。……私はどうしたらいいのでしょう」

「そうですか。前期も赤字決算だとは聞いてましたけど、融資が下りないとなると厳しいですね」

東郷は腕を組むが、財務の当事者である辻とは立場が違うし、根が楽観的ということもあってか、それほど深刻そうには見えない。

「で、さっき言ってたコンサルタントというのは？」

東郷が思い出したように聞く。

「ああ、銀行の担当者が自力で再建するのは難しそうだから、腕利きのコンサルタントを紹介してくれるっていうんです。でも、私、コンサルタントってよく知らないんですよ。そうだ、東郷さん、一緒に会ってくれませんか。信用できるかどうか、東郷さんの意見も聞きたいし」

「いいですよ。コンサルタント、なんかカッコいいじゃないですか。おっと、もうこんな時間だ。これから会議なんで、続きは歩きながら話しませんか」

辻はいくぶんホッとした気持ちでブランコから立ち上がる。

すでに日は傾き、公園のスピーカーからは子どもたちの帰宅を促す『夕焼け小焼け』が流れ始めた。

3　銀行からの最後通牒

受付の女性に案内されて辻と東郷が太陽銀行の応接室に入ると、すでに山陰パイプ担当の須田と、もう一人スーツ姿の男性が、ソファで二人を待っていた。

「山陰パイプ営業部の東郷です。いつもお世話になっております」

須田は銀行マンらしく、東郷の差し出す名刺を慇懃に受け取る。

「こちらこそお世話になっております。太陽銀行の須田と申します。そして、こちらがコンサルタントの南条さんです」

「南条修一郎です」

若々しく見えるが、須田からは自分と同世代と聞いているから50歳前後か。背が高くて筋肉質で、身に着けているものも一流っぽい。二階堂社長がいちばん嫌いなタイプだ。

辻の顔が曇る。

「南条さんは大学時代のテニス部の先輩なんです。これまでもいろいろな企業の再建を手伝ってきていて、やはり私の先輩が勤めている大昭和出版とか……」

「あ、経歴はこれにまとめてきましたので」

南条は須田を制して、鞄からファイルを取り出すと辻と東郷の前に置く。行動にソツがない。

辻がそれを手に取り目を走らせる。実績欄には辻も知っている有名企業の名がいくつも書かれていた。

「へえ、すごいな。外国にもいらっしゃったんですね。アメリカ、イギリス……ドバイ！」

東郷は妙なところで感心している。

南条は、目の前に座る辻の顔を見据えながら話し始めた。

「須田さんから話をいただき、山陰パイプの直近の経営数字を調べてみました。ここ二期はかなり落ち込んでいますが、手遅れということはないと思います。ただ、私が須田さんでも、これ以上の融資はできないと言うでしょう」

「そ、それはどうして？」

慌てて辻が聞き返す。

「二階堂社長です。聞けばかなりのワンマンで、周囲はイエスマンばかり。銀行の指導にも耳を貸さず、経営判断も気分や思いつきでされているそうですね。融資したお金が有効に使われる保証がないのだから、融資ができないのも仕方ありません」

南条の話を受け、須田が続ける。

「なので、その山陰パイプの経営体質を変えてもらおうと思って、南条さんに声をかけたんです」

「はあ、よろしくお願いします」

辻が流れに乗って頭を下げるが、南条の話は終わりではなかった。

「まだお引き受けすると決めたわけではありません」

「え、え、それはどうして？」

「山陰パイプに必要なのは、コーポレートトランスフォーメーション、つまりＣＸです。創業期とは市場を取り巻く環境も大きく変わってきているのに、会社が旧態依然の経営をしていたら、業績が上がらないのも仕方ありません。だから、いったんすべての事業や組織体制を見直して、一からつくり直さなければならないのです」

「それは大変だ」

今まで黙っていた東郷が、すっとんきょうな大声を上げる。南条は少し微笑んだ。

「そのとおりです、東郷さん。大変なことだし、おそらく御社の場合、かなりの荒療治も必要になるでしょう。そうなると経営陣にも腹を括ってもらわなければなりません」

南条は、今度は辻の目を見据えながら話を続ける。

「辻さん、会社存続のためにコンサルタントを入れてＣＸを行うと、二階堂社長を説得できますか。それができないのなら、この話はここで終わりにせざるを得ません。適当に助言だけしてお茶を濁すような仕事は、私はやりません」

南条の言葉に、辻は背筋がすうっと寒くなるのを感じた。

「二階堂社長を説得する、私がですか……」

「あの、南条さん、説得できなかったらどうなります？」

言葉に詰まる辻の横から、東郷が身を乗り出すようにして南条に質問する。

「それは経営体質が変わらないということですから、財務状況も改善されず、十中八九、今期も赤字でしょう。そうしたら、遅かれ早かれウチは手を引きます」

答えたのは南条ではなく、須田だった。

「それじゃ会社はもたない」

　辻が消え入るような声でつぶやく。

「つぶれるってことですか。まさかそんなバカな。山陰パイプがつぶれるだなんて。悪い冗談はやめてくださいよ。はは……」

だが、南条と須田の顔に冗談を感じさせる要素は一つもなかった。隣では辻が意気消沈している。

　東郷にもようやく事態の深刻さが呑み込めたようだった。

「やりましょうよ、そのCXってやつ。辻さん、僕も社長を説得します。そうだ、製造部の鷲巣さんにも加わってもらいましょう。あの人はちょっと性格に難があるけど、理論派だから戦力になりますよ」

　立ち上がった東郷に肩を叩かれ、戸惑いながら辻もうなずく。

「それじゃ南条さん、よろしくお願いします。辻さん、二階堂社長を説得するのは骨でしょうから、僕も同席します。すぐに日程を決めて連絡してください」

「わかりました。よろしくお願いします」

　隣でいきり立つ東郷と対照的に、辻はこれからのことを考えると、不安でたまらなかった。

4　ワンマン社長との対決1

「なんだ、ＣＸってのは、ああ。辻、俺はそんなことお前に頼んでねえぞ」

「ですが、太陽銀行さんのほうが、コンサルタントを入れてＣＸを行うというのが、今回の融資の条件だというので……」

山陰パイプの社長室で、ふんぞり返りながら椅子に座って辻の報告を聞いていた二階堂の顔がみるみる赤くなってくる。とはいえ、かたわらには太陽銀行の須田もいる。二階堂はなんとか感情を抑え、灰皿に伸ばしかけた手を止めた。

代わりに、副社長の有野が口を挟む。自分のことを有能な切れ者と思っている有野だが、その発言は基本、二階堂の言いたいことをなぞっているだけだ。

「須田さん、御行とは長いおつきあいじゃないですか。これまでどおりじゃダメなんですか？」

「それが、そういうわけにはいかないのですよ、有野副社長。本来であれば、二期連続経常赤字の企業には新規融資はできないのですが、今回僕のほうで上とかけあって、外部のコンサルタントを入れて経営そのものを見直すのであればという条件を、ようやく引き出すことができたのです」

須田の言葉に、有野は皮肉な笑みを浮かべる。

「それはどうもありがとう。でもね、わざわざコンサルタントなんて入れなくても」

「経営には何の問題もない。すべて順調だ。なあ、辻。なんとか言わんか」

再び二階堂の手が灰皿に伸びるが、さすがに投げつけてはこない。

「それじゃあこうしません？　こちらの希望どおり融資していただけるのなら、そのＣＸというのをやろうじゃありませんか」

そう言ったのは、意外にも副社長の有野だった。

「お、おい、有野君」

あわてる二階堂を制して有野が続ける。

「その代わり、それで業績が改善しなかったら、コンサルティングフィーは払わない。これでどうかしら」

おいおい、そんなのはいくらなんでも無茶だ。辻は心の中でそうつぶやいた。

「わかりました」

「え？」

須田の意外な返事に、有野は一瞬、驚いたような表情を浮かべた。須田は静かに続ける。

「結果が出なければコンサルタントフィーは当行で持ちましょう。ただし、コンサルタントの指示には必ず従ってもらいます。もし約束を破ったら、融資は即座に引き上げる。いいですね」

少し考え込むそぶりを見せた有野だが、再び笑みを浮かべると二階堂を振り返った。

「いいでしょう。ね、二階堂社長」

さすがの二階堂も虚を突かれたような表情を浮かべたが、改めて須田をにらみつけると、こう言い放った。

「ああ。ウチとしちゃ大幅に譲歩したんだから、月末までには必ず全額振り込んでくださいよ」

「かしこまりました。それじゃ、あとは辻さん」

「は、はい。それでは、東郷営業部長、鷲巣製造部長、それからわたくし辻の三人が中心となって、コンサルタントの南条さんの指示を仰ぎながら、さっそくそのCXというのを進めてまいります」

辻は早口でそう言うと、二階堂がまた何か言い出すことを警戒し、須田の背中を押しながら逃げるように社長室を出ていった。

「有野君、本当に大丈夫なのか、コンサルタントなんか入れて」

辻たちの去った社長室で、二階堂は有野に怪訝そうな目を向ける。有野はオーナー家の遠縁に当たり、二階堂と同じ大学を卒業し、長年、二階堂の忠実な太鼓持ちであり続けた人物だ。そんな彼女がなぜ、コンサルタントを良しとしたのか。

「融資を引き出す方便ですよ。それに、効果が出なかったら来年以降、交渉がやりやすくなるでしょ。おたくの紹介したコンサルタントのせいで、経営計画が狂って業績が下がったって言えばいいんですから」

有野はそう言って軽く笑った。二階堂もそうした彼女の手練手管には一目置いている。

「それもそうだな。じゃあお手並み拝見といくか」

「ふん、コンサルタントなんかに何ができるもんですか」

二階堂も有野もこのときはまだ、数カ月後にやってくる自分たちの運命を知る由もなかった。

5 居酒屋でのキックオフ

居酒屋「水木」の奥の個室では、辻、東郷、南条と、製造部長の鷲巣正二が鍋を囲んでいる。地元の新鮮な魚介が売りの店で、会社から少し離れていることもあり、あまり誰かに見られたくない会合の際、辻がしばしば使っている店だ。

「ようやくわかったよ、CXの意味が。要するに一度会社を全部見直して、儲かるように作り変えるってことだ。ねえ、南条さん」

東郷は酒が入ると声がますます大きくなる。

「まあ、そういうことです。そのためにはまず、何を売ってそれでどれだけ儲けているのかという収益構造や、これまで隠されていた無駄や非効率な部分などをすべて見える化します。明日から私は辻さんと現場を回ってヒアリングを行うので、東郷さんと鷲巣さんは、各課の課長にデータの収集をしてもらってください」

「データですか。各課のPLとかでいいですかね。お願いできますか、東郷さん」

辻の言葉に東郷が顔をしかめる。

「ん、PLって何でしたっけ、辻さん」

「損益計算書ですよ。お金の出と入り。東郷さん、そんなことも知らないで営業部長やってたんですか」

「ああ、僕は数字より情熱で売るタイプだから。あれ、鷲巣さんあんまり飲んでいませんね」

東郷がはす向かいに座る鷲巣に視線を向ける。

実は、辻も鷲巣の元気のなさが気になっていた。

製造部長の鷲巣は旧帝大理系出身で、新卒で大手メーカーに勤務の後、早期退職し請われて山陰パイプに入社してきた人物だ。辻や東郷より5歳ほど年齢は上だが、大手メーカーで大規模な製造改革に携わったこともあるらしく、改革のキーマンになると見込んだ東郷が声をかけたのだった。

実際、声をかけたときには、「この会社には改革が必要だと自分もずっと思っていた」と乗り気だったのだが、後日コンサルタントが入ることを伝えると、急に「あまり役に立てないかもしれない」と言い始めたのである。

この日の初顔合わせも、最初は忙しいからと渋っていたのだった。

「鷲巣さんもよろしくお願いします」

「まあ一応やってみますよ」

南条の勧めるビールを片手で受けながらの鷲巣の返事に、辻はあまりやる気を感じられなかった。

6 問題の可視化

最初の打合せから2週間後、ミーティング場所となっている山陰パイプ2階の会議室に、東郷が飛び込んできた。

「遅れてすみません。あれ、南条さんと辻さんだけ？　鷲巣さんは？」

「まだ来ていないんです」

辻が時計を見てため息をつく。

「じゃあ先に始めましょう。まず私から。南条さんと一緒にこの2週間で30人から、現在の仕事の問題点や、会社に対する不満などをインタビューした結果をまとめたのがこれです」

　わかりやすくまとめられた資料を見て、東郷が驚いたような表情をする。

「へえ、辻さん、すごいな。いつからこんなことできるようになったんです？」

「いえ、パソコンで整理してくれたのは南条さんの部下なんです」

「ああ、やっぱり。それで、どんなことがわかりました？」

　東郷の問いに、すでに資料を読み込んでいた辻が答える。

「部署によっていろいろですけど、共通して多かったのが経営体制、というかもっとはっきり言うと、二階堂社長に対する不満でした。思いつきで人を動かしたり、自分に近い顧客の注文を無理やりラインに割り込ませたりするのは迷惑でやめてほしいけれど、上司に言ってもどうにもならないとか、そういうのがたくさん出てきました。

　それから、会社の規模のわりに扱っている商品が多すぎるという不満があったりとか、従業員満足度も部署でずいぶん違うというのはけっこう驚きでした」

「御社の組織は縦割りで、部署間を貫く横串が通っていないため、ほかの部署が見えにくいというのも、無駄や非効率が発生しやすい原因になっていますね」

南条が自分の分析をつけ加える。

「あ、鷲巣さんからだ」

スマートフォンを覗き込む辻の顔が曇る。

「鷲巣さん、今日来られないそうです」

「えー、そうなの。データは出てるの？　データは？」

東郷が不満そうな声を上げる。

「いえ、製造部のはまだ」

「鷲巣さん何やってんだ。2週間もあって。俺今から鷲巣さんとこ行ってくるよ」

「あ、東郷さん、鷲巣さん忙しいみたいなんで、また今度にしたら……」

辻が止めるのもかまわず、東郷は会議室を飛び出していった。

「可視化」の具体的方法

CXの入口は可視化から

第1部でも解説のあったとおり、事業実態の「見える化」こそがCXの一丁目一番地である。CXにかかわる打ち手の立案には、見える化を通じた「ファクト」の収集が必須だからだ。

ここでは、それをどのように行うのかを示していくことにしたい。

見える化には、大きく分けて二つのステップがある。「収益構造の可視化」と「課題構造の可視化」である。

「収益構造の可視化」とは、何が儲かっていて何が儲かっていないかを明らかにすること、「課題構造の可視化」とは、対象会社が（仮に再生フェイズだとすれば）窮境に陥っている根源的な問題とは何かを明らかにすること、と言える。

図11 可視化の図

収益構造可視化	課題構造明確化	施策の明確化
●実績可視化 ▶製品／顧客／拠点／地域等別の売上／売上総利益分析 ▶売上／売上総利益額に鑑みたABC分析 等 ●予実乖離要因把握 ▶予実乖離状況の把握 ▶予実乖離要因の特定 ●事業のキードライバーの把握 ▶改善すべきキードライバーの特定	●収益可視化結果を踏まえて課題構造を明確化 ●表層課題だけではなく、課題を構造的にブレイクダウンし、深層課題まで明確化	●課題の裏返しではなく、深層課題、真因を根こそぎ解決できるような抜本的な施策を立案 ●施策骨子をベースに、詳細化、具体化 ●施策の効果も試算し、優先順位付けを実施

収益構造の可視化

この段階では、社内の定量データを分析することが主となる。その際には財務会計データだけでなく、管理会計データも用いていく。

財務会計とは、株主・債権者や取引先など企業外部のステークホルダーへの情報開示を目的とするデータのこと。『四季報』やホームページで公開される決算情報は通常、財務会計となる。一定のルールに基づいて作られており、投資家や取引先はこの財務会計データをもとに企業分析をし、投資すべきか、取引をすべきかを判断する。

一方の管理会計とは、主に経営者の意思

決定や業績評価など、内部での利用を目的として作られるもの。事業別、製品別、地域別等、企業ごとに独自の方法で作られているものだ。

CXで重要なのは、この管理会計の数字だ。製品／案件／顧客／拠点／地域などセグメントごとの売上、そしてそこから得られる売上総利益などを可能な限り把握し、自社の利益の源泉はどこにあるのか、逆に、その利益はどこで食いつぶされているかを詳《つまび》らかにする。

CXあるある　見たいデータの形になっていない

これも前述したように、ここで必ずぶつかるのが「データがない」という壁だ。また、データがあったとしても、「見たいデータの形になっていない」こともよくある。

しかし、完璧なデータが揃っていることのほうが稀であり、そもそも、そのような状態にあれば、適時適切な判断に基づく機動的な経営がすでに実現されているはずである。

ここは多くの人に誤解されがちだが、CXに際してのデータ分析において、入口から100点を目指すべきではない。100点を目指せば膨大な時間とコストがかかる。今回のケースのように再生待ったなしの状況で時間をかけ、結果的に時間切れになってしまっては本末転倒だ。

まずは、判断を誤らない程度の精度で十分。再生フェイズであれば、イメージとしては60点程度の分析で十分だ。

ただし、この分析の過程において、「どんなデータが存在していないのか」「どんなデータを今後蓄積していく必要があるのか」「どこのデータに不具合があるのか」等を明らかにしておくことで、後のデータ整備に生かすことができるだろう。

たとえ断片的でも社内に蓄積されているデータを収集し、それを組み合わせていくことで、見える化の解像度を上げることができる。もちろん、一定の前提を置くことや、ロジックを組むことが必要となるが、そうしたプロセスをつぶさに記録しておけば、可読性が高まるのはもちろんのこと、後の修正（精緻化）も効きやすい。

いずれにせよ、自社の収益構造、すなわち「自社の利益の源泉はどこにあるのか。逆にその利益はどこで食いつぶされているか」を把握することができて初めて、次なる打ち手に連なる仮説を構築できるのだ。

もっとも、ここで見える世界はあくまで数値データであり、デジタルの域を出ない。今後重要になるのは、そうした結果や数値を生み出している背景であり、それを突き詰めていくことになる。それが次の「課題構造の可視化」となる。

課題構造の可視化

今回のストーリーにおいて、辻は社員のヒアリングからさまざまな発見をしたが、ただ単に話を聞くだけで有益な情報が出てくるとは限らない。

まず大事なことは、論点をクリアにすることだ。すなわち、「何を明らかにする必要があるのか」をクリアにしておくこと。たとえば、定量分析の結果から「売上のわりに利益が上がっていない」という事象が確認できたなら、その問題意識を常に念頭に置いた上でヒアリングを進めていく。ここがぶれてしまうと、ヒアリングは単なる愚痴や関係のないおしゃべりになってしまう。

次に、ファクトに基づいて議論すること。「A事業のB製品が儲かっていないようだ」というあいまいな前提ではなく、「定量分析の結果、A事業のB製品はこれだけの赤字を出している」といった数字を示し、その背景や要因を掘り下げていくのだ。

また、ある問題の要因はおおざっぱに内部要因と外部要因に分けられるが、このうち外部要因（すなわち、市場環境や競争環境等）については、やはり事前にデータを調べ、ファクトを押さえておくべきだろう。

ＣＸあるある　誰が本当のことを言っているのかわからない

ヒアリングの過程でよくあるのが、「保身のために事実を話さない」「不平不満の吐露に終始する」といったことだ。どちらもファクトと数字を使って、粘り強く話を進めていくしかない。

ここで重要なのは、このヒアリングが「犯人捜し」ではないことを理解してもらうこと。あくまで真実に光を当てるためのヒアリングであることを理解してもらう必要がある。

もう一つありがちなのが、同じ課題であるにもかかわらず、階層ごとにまったく見解が違うこと。マネジメント層と中間層、そして現場層で言うことが全然違うといったことだ。

ここで大事なのは「誰の言っていることが正しいのか」ではない。階層によって見える景色が違うのは当然であり、重要なのは、なぜそうした認識のギャップが生まれているかを明らかにすることだ。

また、あらゆる問題について「当社の文化だから」「そういう社風だから」で片づけられてしまうというのもよくあること。この場合も、なぜそうした社風が醸成されたのか、その背景を詳らかにするべきである。つまり、因果を構造的に把握することが重要なのだ。

こうしてヒアリングを重ね、そこから得られた情報を整理することにより、表出している課題の背景を明らかにすることができる。

7 社長と副社長の思惑

社長室に副社長の有野が入ってくる。

「二階堂社長、どうでした、入金」

「ばっちり入ってたよ」

この男は、自分の思いどおりにいっているときはすこぶる機嫌がいい。

「ね、あわてることなんてなかったんですよ。銀行なんてお金を貸してなんぼなんですから」

「ああ、そのとおりだ。ところで、あっちはどうなってんだ、なんとかエックス」

「CX、あまりうまくいっていないみたいですよ。この前も鷲巣と東郷が怒鳴り合っていたって、製造部のパートから聞きました」

「もう1カ月近く経つというのに、まだ何の報告もなし。腕利きコンサルタントも形なしだな」

二階堂がニヤリと笑う。

「太陽銀行の須田も、余計なことをしなければよかったと、今ごろ後悔しているでしょうね」

「あの須田というのは辻の銀行員時代の後輩だろ。たまには辻を褒めてやるか」

二階堂と有野は勝ち誇ったかのように笑い声を上げる。

8　タバコ部屋会議

工場の隅にある喫煙所。鷲巣がタバコを吸っていると、コンサルタントの南条が入ってきた。最近、しばしば社内で南条を見かけていたが、鷲巣はなるべく避けるようにしてきた。しかし、喫煙所では逃げ場がない。

「鷲巣さんも一服ですか。あれ？」

南条もタバコを取り出しポケットを探る。

「すみません、ライター忘れたみたいなんで、火を貸してもらえませんか」

鷲巣は渋々、ライターの火を近づける。

「ありがとうございます。助かりました。ところで、データのほうはまとまりましたか?」

「いえ、忙しくて」

「どれくらいかかりそうですか?」

「製造部といっても、購買、調達、プレス、生産、管理、生産技術と六つも課や係があるんです。みんな通常業務で手いっぱいなんですよ。それなのにCXを優先しろとはなかなかね」

「お手数をおかけします。ところで鷲巣さんは元東京中央電機なんですよね。そこで製造部の改革に携わったことがあると辻さんから聞きました。そのときのこと教えてもらえませんか。ぜひ参考にしたいんで」

元々渋い顔をしていた鷲巣の表情が、さらに曇る。

「参考になんてならんですよ。うまくいかなかったのですから」

明らかに話したくないオーラを出す鷲巣を気にせず、南条はさらに質問を重ねる。

「そもそもなんで改革をやることになったんです?」

「騙されたんですよ、社長が」

ここで鷲巣は、世界的に有名な戦略系コンサルティングファームの名前を挙げた。

「何かの会合で知り合ったそこのコンサルタントに、やり方を変えれば生産性を30％アップできると吹き込まれて、社長はすっかりその気になってしまった。それでそのコンサルタントの指導で、設備やシステムも最新のものにしたのですが、逆に仕事がやりにくくなったと現場は不平不満の嵐です。

そしたらそのコンサルティングファームは、『マネジメント体制に問題がある』『評価制度がよくない』と、次から次へと指摘しては社内をいじくりまわして、最後は従業員のレベルが低すぎると去っていきました。お金だけはガッポリ取ってね」

鷲巣は一気にまくし立てた。うなずきながら聞いていた南条は、タバコの煙を吐き出し、ゆっくりと口を開いた。

「だから鷲巣さんは、コンサルタントに対してあまりいいイメージを持っていないのですね」

「南条さんがどうこうというのではないのですが、やっぱりね」

「いや、わかります」

「私だって山陰パイプが今のままでいいと思っているわけではありません。だから、これまでも私なりにいろいろ提案してきました。でも、ダメなんです。二階堂体制の下ではどうにもならんのです」

「私はね、鷲巣さん、二階堂社長に雇われたのではありません。その二階堂社長の首に鈴をつけてくれと太陽銀行から頼まれたのです」

それを聞いた鷲巣は驚いたような表情を見せる。

「……それは、本当ですか」

「まあ、そこまではっきりとは言われていませんが、これまでいろいろこの会社のことを調べたところ、やはり最大の問題が二階堂社長であるのは間違いないようです。もちろん、それだけではありませんが」

しばらく沈黙が続いた。二人ともタバコの煙を吐き出すと、南条は再び話し始める。

「経営陣が今のままだと、これからも赤字体質が続くでしょう。そうしたら山陰パイプは間違いなく3年以内に債務超過に陥る。太陽銀行はこれまでの融資が不良債権化するのをなんとしても阻止したいのです」

「それが無理なら、回収に走る。そうなったら会社は倒産だ」

「そのとおりです。倒産してても貸しつけたお金さえ取り戻せれば、銀行は痛くもかゆくもありません。しかし、そうなったら会社はもう社会的責任を果たせなくなってしまいます。

私は、すでに存在意義を失っているゾンビのような企業を生きながらえさせるのは反対です。でも、山陰パイプはそうじゃない。再び優良企業として再生するのは十分可能だと思っています。鷲巣さん、あなたもそう思っているんじゃないのですか。もう諦めてしまったのですか」

南条の言葉に熱がこもる。鷲巣は少し怒ったように言い返す。

「そんなことはない。私が入ったころはまだ輝いていた。底力はあるはずなんだ」

「だったら力を貸してください。いくら私が旗を振っても限界がある。会社はそこで働く人たちが変えるんです」

鷲巣は初めて正面から南条の目を見た。ようやく鷲巣にもスイッチが入ったようだった。

9　CXのスタート

数日後、辻のもとに鷲巣から製造部の詳細なデータが届いた。

辻はさっそく南条に電話で報告する。

「データ以外にも再建案をまとめたレポートまで。やっと鷲巣さんも本気になってくれたみたいです。なんか心境の変化があったのでしょうか」

「さあ、忙しいといいながら、ちゃんと準備してくれていたんでしょう。とにかくよかったじゃないですか」

南条は喫煙所の一件にはあえて触れなかった。

「ただ……」

「辻さん、まだ何か問題がありますか？」

「いや、この前、東郷さん、鷲巣さんとかなり激しくやりあったじゃないですか。わだかまりがあるんじゃないかと思って」

「ああ、それなら大丈夫。さっき東郷さんから連絡があって、昨日二人で飲みにいったそうです。なんでも全部鷲巣さんにおごってもらったとかで、あんなにいい人はいないと言ってました」

それを聞いた辻は思わず電話口で「ええっ」と声を漏らした。

「そうなんだ。東郷さん、得な性格だな」

「それじゃ辻さん、明日のミーティングからは具体的な施策の提案になります。心していきましょう」

「よろしくお願いします」

いよいよＣＸが動き出すんだ。

辻は、最初は気が重かったのに、いつの間にかわくわくしている自分が不思議だった。それはたぶん自分たちがやっていることが間違っていないからだ。そういうことにしておこう。

それは、辻の正直な気持ちだった。

10　赤字の大きな理由とは？

会議室のホワイトボードには、次のような文字が書かれている。
・さらなる経費節減（節電運動、無駄な出張をなくす）
※予算でキャップをはめ、従業員の自覚を促すことが大切

・残業を減らす（部署ごとに目標設定）
・OEM事業へのテコ入れ
・内製・外製の方針再検討
・遊休資産の売却（使われていない研修センター）
※経営陣と交渉

「えーと、今のところこんな案が出てますけど、どなたか意見はございますか？」

いつもどおり進行役は辻が務めている。

いちばん前の机には東郷と鷲巣が並んで座り、後方には南条と、その部下の多々良と小向。

「えー、いいですか」

挙手して東郷が立ち上がる。

「これまでも経費節減の必要性は言われていましたが、徹底されていませんでした。それは会社の業績がここまで悪いという情報が従業員に伝わっていなかったからです。なので、まずその事実を開示して自覚を促すべきだと思います。

それから、バブルのころに買った別荘があります。かつては保養施設や研修センターとして利用されていましたが、今はほとんど使われていません。『ポツンと一軒家』のような山奥で交通の便も悪く、使い勝手もよくないので、たぶんこれからも利用価値はないでしょう」

「あのー、役員の方々はときどき利用されているみたいですが」

辻が口を挟む。しかし、それを東郷はバッサリと切り捨てる。

「従業員にとっては無用の長物です。維持費だってバカにならない。即刻売却すべきです。南条さんもそう思うでしょ」

「財務状態が厳しいのですから、そうすべきでしょうね」

突然、話を振られた南条は苦笑しながら答える。

「そうすると、それを二階堂社長に進言するのは」

全員がいっせいに辻の顔を見る。辻がやれやれ、という表情をする。

「……そうでしょうね。わかりました」

「辻さん、よろしくお願いします。大丈夫、みんなで応援しますから。それから、これです」

東郷がホワイトボードの「ＯＥＭ事業へのテコ入れ」を赤のマーカーで囲う。

「僕も今回『見える化』をするまで気づかなかったのですが、わが社のＯＥＭ事業はまったく利益が出ていません。品目が多く、いずれも短納期に対応しなければならないため、人はたくさん必要だし、小ロットなので材料費も割高にならざるを得ません。

それなのに、それが価格に反映されていないから、利益が薄い。それどころか、驚いたことに作れば作るほど赤字になる商品もありました。はっきり言って山陰パイプの足を引っ張っているのはＯＥＭ事業です。だから、今回のＣＸの最大のポイントは、ＯＥＭ事業のテコ入れ。これですよ、これ」

東郷は話しながら気持ちが高ぶってきたのか、最後はホワイトボードを拳でバンバンと連打する。

すると、それまで目を閉じたまま腕を組み黙っていた鷲巣が、初めて口を開く。

「私も、真っ先に手をつけなければならないのはＯＥＭ事業だと思いました。でも、東郷さん、テコ入れというのは具体的に何をどうするのですか」

東郷は、待ってましたとばかりに話を続ける。

「まず、設備投資をしてラインを増設します。今はすべての機械がフル稼働状態なので、新しい注文が入るたびに、その商品用にラインを入れ替えなければなりません。幸い工場にはまだ空きスペースがあるので、そこに機械を入れて常に2～3割がスタンバイしている状態にすれば、もっと効率よく仕事を回すことができるようになります」

「そうすると、機械だけでなく人も増やすことになりますね」

鷲巣の問いに、東郷は自信たっぷりに答える。

「当然そうですね。新規募集で対応できるでしょう」

ここで鷲巣は何か言いたそうにするも再び目を閉じ、黙り込んでしまった。しばらく、沈黙が続く。

「私は反対です」

沈黙を破ったのは南条だった。

「東郷さんの考えているレベルだと、おそらく数億単位の投資が必要になると思います。その原資はどこから持ってくるつもりですか」

「それは、会社になければ金融機関から借り入れるしかありませんが」

「それは甘すぎます。だいたいそれだけの投資をして、回収できるのは何年後ですか。そもそも回収できないでしょう」

「しかし……」

東郷は言葉に詰まって唇を噛む。

「ただ、ＯＥＭ事業が経営悪化の元凶だというのは、私もそのとおりだと思います」

この南条の発言に対し、鷲巣が再び口を開いた。

「私もそう思います」

その言葉に、辻もうなずいた。鷲巣と辻もこれまでの調査で、ＯＥＭ事業こそが最大の問題だという事実に気づいていたのだった。今度は辻が口を開く。

「皆さんの言うとおりです。山陰パイプは本業の工業用パイプは極めて順調なのに、ＯＥＭ事業が本業の利益を食ってしまっている。ただ、売上は大きかったので、ＯＥＭ事業が会社にとってマイナスだということが、見えていなかったのです」

11　人をどうするか？

「でも、新たな設備投資ができないなら、どうやって建て直せっていうんだ」

東郷がつぶやく。

「コンサルタントの立場から言わせてもらうなら、山陰パイプは主力事業に経営資源を集中すべきです」

南条の言葉の真意をすぐにくみ取り、辻の顔色が変わる。

「そ、それは、ＯＥＭ事業から撤退するということですか？」

「そのとおりです、辻さん。組織をスリムにすることが最大の経費節減なのです」

「ちょっと待ってください。もしＯＥＭ事業から撤退するとなると、現在そこで働いている人たちの仕事がなくなってしまいますよね」

辻が疑問を口にする。

「ほかの部署に割り振るってことか。でも、営業は人足りてるしな」

東郷もつぶやくように言う。誰もがその先の言葉をなんとなく想像していたが、それを口にすることはなかなかできなかった。南条が再び言葉を継ぐ。

「繰り返しますが、今より組織をスリムにしなければ、再建はできないと思ってください」

「そうすると、まさか……」

「人員削減、ということですね」

辻が言いかけた言葉を、鷲巣が引き継いだ。

「人員削減！」

東郷の声が会議室に響き渡った。

「人員削減なんて冗談じゃない。従業員はみんな仲間じゃないですか。辞めてくれなんて僕は言えません」

「南条さん、もう人員削減以外に方法はないということですか？」

鷲巣の顔も心なしかひきつっている。

「残念ながら経費節減レベルのコスト削減ではもう、どうにもならないところまでこの会社は来ています。新たな設備投資はもちろん、適正数以上の従業員を抱え込む余裕はありません。生き残るためには、サイズをコンパクトにして儲かる事業に集中するよりほかないのです」

南条は努めて冷静に言う。それに対して東郷が再び反論する。

「そうかもしれないけど、仲間の首を切るなんて、やっぱり僕にはできない」

「東郷さん、人員削減というのは首切りとは違うんです」

12 「人員削減」という選択肢

南条は三人に、人員削減のために希望退職を募るのは、認められている経営手法の一つであること、退職するかしないかは本人の意思を尊重する、早期退職を選択した人には割増退職金や会社負担による再就職支援などの最大限の援助をするといった、人員削減の基本的な説明を行った。

「人員削減された人は皆、恨み骨髄《こつずい》で会社を去っていくわけではないのですね」

南条の説明を聞くうちに、東郷の興奮もようやく収まったようだった。

「そのとおりです。中には自分の人生は会社と一蓮托生だと思っている人もいるかもしれませんが、そういう人には残ってもらえばいい。そんなのはまっぴらだ、自分は新天地で活躍したいという人にとっては、逆に絶好の機会になります。

大事なのは、ちゃんとした手順で誠意をもって対応する、それから、納得した上で最良の選択をしてもらうことです」

辻が手を挙げる。

「本当は私も、人員削減しかないいんじゃないかと思っていたのですが、心情的に受け入れられなかったというか……。でも、南条さんの説明で、人員削減は決して非道な行為ではないとわかって、なんだか安心しました」

「雇用に関することですから、人事部にも入ってもらう必要がありますね」

鷲巣も人員削減という結論を受け入れたようだった。

「でしたら、私のほうから人事の大澤課長に話をします」

辻が申し出た。当事者として、これくらいは自分でやらなければ、と思ったのだ。南条がうなずいて言う。

「では、さっそく希望退職制度の原案を作りましょう。打ち合わせは社内じゃないほうがいいですね。最初に顔合わせをした」

「水木ですね。わかりました、予約しておきます。そこに大澤課長も来てもらうようにします」

「お手数ですが辻さん、よろしくお願いします。ほかに何か質問はありますか」

東郷が手を挙げた。

「人員削減を、希望退職をうまく行うためのポイントのようなものがあれば、教えておいてください。私はなるべく多くの人に納得してもらった上で、人員削減を進めたいんです」

「わかりました。次のミーティングでお渡ししようと思っていたのですが」

南条はそう言うと、表紙に『人員削減に関して』と書かれている冊子を鞄から取り出し机に広げた。

「ご質問の答えはここに書いてあります」

●人員削減のポイント

・実施するとなれば小出しにすることは避け、必ず一回で決着させる

時期を違《たが》えて複数回にわたって実施することは疑心暗鬼を生み、組織の疲弊を招く（効果が薄れる）

・全社最適を最優先にする

個別最適の積み上げでは部門間対立を生み、検討が進まない

・組織機能や業務運営を考慮はするものの、業務量調査等を含むボトムアップでの検討は

避ける
総論賛成、各論反対を生む
人の数だけ仕事が生まれる
・現状の組織体制を所与としない
組織再編を含む見直しに踏み込まなければ、元の木阿弥に

これを用意していたということは、南条の頭の中にはすでにここまでの絵が描かれていたということだ。しかも、最初は人員削減なんてとんでもないと思っていたのに、すでにみんな受け入れている。

これが腕利きのコンサルタントか。

辻はあらためて南条の横顔を見つめた。

13　どのように人員削減を進めるか

1週間後の夕刻、前回と同じ水木の個室に辻、東郷、鷲巣、南条のCXプロジェクトメ

ンバーが集まった。

さらに、今回はそこに人事課長の大澤孝志の姿もある。大澤は30代後半で、プロジェクトメンバーたちより一回り若い。

大澤は、会社の財務状況からCXに至る辻の話を比較的冷静に聞いていたが、さすがに人員削減のくだりは衝撃的だったようで、手から箸が滑り落ちた。

「辻さん、自分も会社の状態はあまりよくないと薄々勘づいてはいましたが、人員削減するところまでいっていたとは」

「いっていたんです。それで、大澤さんにも協力していただきたいと思って、今日ここまで来てもらったのです」

大澤はしばらく逡巡していたが、やがて意を決したかのように、辻の顔を見てきっぱりとこう言い放った。

「わかりました。人事は僕の仕事です。任せてください」

「ありがとうございます。それではこれから人員削減の手順について説明していくので、みんなで細かいところを詰めていきましょう」

ここからは南条がミーティングを主導していく。

ここで決まった事項は以下のとおり。

・希望退職の募集は50人。35歳以上55歳未満を対象に
・各部門への割り振りは人事部が行う
・募集要件に該当する社員全員との面談を実施
・面談の内容は
1　会社の状況と今後の方針についての説明
2　会社メッセージの伝達
3　制度内容の伝達
4　質疑応答等
・希望退職者に対する手当ては
1　割増退職金200万円
2　会社負担による再就職支援の実施
3　会社都合による離職申請（雇用保険給付に有利になるため）
・希望退職制度の告知は全体集会で行う（それまでは他言無用）

ミーティングを終えたときには、すっかり夜も深まっていた。

最後に店から出てきた大澤に、南条が駆け寄り頭を下げた。

「大澤さん、人員削減の矢面に立ついちばんつらいところを任せてしまって申し訳ありません」

「南条さん、頭を上げてください。人員削減以外会社再建の道はないことは理解していまます。大丈夫ですよ、人に関する仕事は任せてください」

その光景を見ていた辻は、さすがの南条にとってもこの人員削減が大きな決断であったことを悟るとともに、大澤が人事課長でよかったとホッと胸をなでおろした。

CXのリアル・ノウハウ8

希望退職について

希望退職を何度も繰り返す組織は疲弊する

希望退職のポイントについてはストーリーにおいて南条が述べたとおりだが、改めて言っておきたいことは、希望退職を「即効性があって手っ取り早いコスト削減策」と捉えるべきではないということだ。

今回のように、ＣＸの実現に不可欠であれば実施する必要があるが、「とりあえず人件費を下げよう」というおざなりの対策のために希望退職を実施すべきではない。その結果として何度も希望退職を繰り返すことになれば、組織の疲弊は免れず、本来得なければならない効果もまったく獲得できなくなる。

ＣＸ全体の中での位置づけと意味合いをクリアにし、一回で決着させるべきである。

実施に当たっての三つのポイント

もう少し具体的な話をすると、実際に人員削減を検討するに当たっては、次の三つに留意すべきだろう。

①全社最適を最優先する

個別最適の積み上げでは部門間対立を引き起こすだけであり、一向に検討は進まない。つまり、各部門ごとに「何人削れるか」を考えるのではなく、最初に全社最適を考え、削減すべき人員数を割り振るほうがいい。

②ボトムアップ検討は避ける

どの部門も「業務を運営するには人は減らせない」と主張する。ここで業務量を調査して積み上げ型で削減すべき人員を決める、というやり方を取ると、総論賛成・各論反対を生む。

③現状の組織体制を所与としない

人員削減をするとともに、削減後の組織を最適化するための組織再編を行うことは不可欠だ。そうでないといつの間にか人が増え、容易に「先祖返り」してしまう。

「助言」のスタンスで

希望退職を実施したとして、その手続きをすべて完了するまでには最短でも3カ月は見ておく必要がある。新たな組織体制にスムーズに移行するためには事前に組織再編案を固めておく必要もあり、それらを踏まえたスケジュール設計が肝となる。

なお、希望退職に「応募してほしくない」社員、すなわち、今後のCX実現に向けて不可欠な社員はもちろん、社として慰留しなければならない。ここで重要なのはタイミングで、本人が退職を決断する前に、慰留の意向を伝達しなくてはならない。本人が退職を決断したあと、その意思決定を覆すのは極めて困難だからである。

もちろん、最終的に決断を下すのは本人だ。だからこそ、単なる慰留というよりも決断への助言を行うというスタンスで、今後その人に任せたい職務の将来性や必要性を中心に、誠意を込めて丁寧に伝えたい。

14　ワンマン社長との対決2

居酒屋「水木」での打ち合わせから約3カ月。辻たちから提出されたCX案の内容は、社長の二階堂の予想をはるかに上回るものだった。

特にOEM事業からの撤退と人員削減は、まったくの想定外。灰皿に手を伸ばす暇も惜しいとばかりに、二階堂は瞬時に激昂した。

「ふ、ふ、ふざけるな。どういうつもりだ、辻。俺はこんなの認めんぞ！」

しかし、今日の辻は二階堂から目を背けなかった。

「私たちが調査したところ、ここまで経営が悪化した最大の要因はOEM事業だと判明しました。数字はすべてここにまとめてあります。そして、このOEM事業から撤退し、先代のときから継続している工業用パイプに資源を集中させれば、黒字化は可能です。

ただ、そうなるとOEM事業を中心に余剰人員が発生してしまいます。新たな設備投資ができない以上、社内に受け皿は増やせません。仕事もないのに社内に引き止めておくのは、会社にとっても当人たちにとっても不幸です。希望退職を募集して、今出せる最大限の条件を提示し、残るか退職するかを選んでもらうのは、経営者として当然のことなのではないでしょうか」

しっかりした理論とファクトによる裏づけがあれば、社長の前でもここまで自信を持って話せるんだ。

辻は自分のことが誇らしく思えてきた。

「二階堂社長、このCX案なら当行も異論はありません。計画どおり人員削減がうまくいったら、支援を継続させていただきます」

太陽銀行の須田が即座につけ加える。

「待て待て。人員削減なんてダメだ。そんな勝手なこと絶対にさせん」

二階堂が渋っているのはおそらく、社員のためというより自分の評判のためだろう。狭い地方都市、人員削減の噂は瞬時に広まるに違いない。そんな二階堂の真意を見透かすかのように、須田が辻に話を振る。

「辻さん、この案はもちろん当行が紹介したコンサルタントの南条さんも承知しているのですよね？」

「はい。南条さんの的確なアドバイスがあってこそのCXです」

「ということは、この案を否定するというのはコンサルタントの指示に従わない、つまり融資を引き上げてもいいということになりますが、それでよろしいのですか、二階堂社長」

「むむ……」

ぐうの音も出ない。二階堂は完璧に追い込まれてしまった。

これまでの恨みをはらす勢いで、辻も畳みかける。

「希望退職制度の詳細は、来週月曜の全体集会で従業員に発表する予定です。大事なことなので、ぜひ二階堂社長の口からお伝えください」

二階堂の怒りの表情に、一瞬、恐怖の色が浮かんだ。

「なんで俺がそんなことを……そうだ、俺は月曜は確か、そうだ、得意先とゴルフコンペが入っていた。有野君、君やってくれないか？」

自分が了承したコンサルタント導入がこんな結果になったことに呆然としていた副社長の有野がハッと我に返って答える。

「私だって嫌ですよ！」

「でも、役員の説明がないと従業員も納得しないと思います」

「うるさいぞ、辻。お前はいつからそんなに偉くなったんだ」

「二階堂社長、関根さんがいいんじゃないかしら」

有野が苦し紛れに提案した。

「関根か。そうだな、あいつは何も考えていないから適役だ。よし、関根にやらせよう」

関根は人はいいが、言われたこと以上のことは何もしないことで知られる専務取締役だ。思わぬとばっちりを受けたものだと、辻は内心申し訳なく思う。

「それから二階堂社長」

「まだなんかあるのか、辻」

「会社が保有する別荘の件なんですが……」

「それじゃ私は銀行に戻ります。人員削減の成功を祈っております」

と、ここで何かを察したのか、太陽銀行の須田が急に社長室を出て行った。その後ろ姿を二階堂は苦々しい表情で見送る。後ろ盾を失った辻は急に不安になってくる。

「あの若造、まったく好き勝手にやりやがって。ん、何だ、辻。別荘がどうかしたか?」

「いえ、なんでもありません。私もこれで失礼します」

辻も逃げるように社長室をあとにした。

15　リーク

翌週の月曜日。人員削減発表の日である。

さすがに緊張でよく眠れず、いつもより早めにベッドから出た辻がカーテンを開けると、朝日がまぶしい。

よし、幸先いいぞ。

すべてがいい方向に進みそうな気がした。

ところがその数分後、それが単なる自分の願望に過ぎなかったことを思い知らされる。

いつものように朝食をとりながら、郵便受けから取ってきたばかりの地元紙「山陰タイムズ」に目を落とすと、そこには「山陰パイプ、大規模リストラか」の見出しが躍っていた。

辻は思わず立ち上がった。

なんで漏れたんだ。

いくら考えてもわからない。

辻は朝食を諦め、あわてて着替えると家を飛び出した。

本社3階にある財務部。辻の机の周りには、すでに東郷、鷲巣、大澤が集まっていた。

東郷は辻の顔を見るや、大声で叫ぶ。

「遅いですよ、何やってんすか。見ましたか、新聞」

「ええ、いったい誰が」

「辻さんじゃないんですか。いちばん脇が甘そうだし」

「わ、私じゃないですよ。東郷さんこそ飲みにいってお酒の勢いでしゃべっちゃったんじゃ」

「なんですって。確かに酒の上の失敗はたくさんありますけどね、でもこの1週間は一度も外では飲んでいません」

妙な争いを始めた二人を、鷲巣がいさめる。

「いい加減にしないか。仲間同士で犯人捜ししている場合じゃない」

「鷲巣さんの言うとおりです。それより従業員は新聞を読んでかなり動揺しているはずですから、今日の集会はかなり荒れるかもしれません。どうやって落ち着かせるかをみんなで考えませんか?」

いちばん年下の大澤がいちばん冷静だった。

16 大混乱の全体集会

司会役の人事部の女性社員が「静かにしてください」と連呼しても、全体集会の会場となっている大会議室のざわめきはなかなか静まらない。それもそのはず、すでに人員削減の話は全社員に知れ渡ってしまっている。

それでも二階堂社長が登場してにらみを利かせれば、従業員もそれなりに静かに話を聞いたはずだ。

だが、二階堂社長は接待ゴルフを口実に、この大事な全体集会に顔を出さなかった。

さらに悪いことに、社長の名代として登壇した関根専務が、「このたびわが社は諸般の事情を鑑み希望退職を募ることにしました」などと、紙に目を落としながら単なる事務連絡のように伝えたものだから、これで従業員の怒りに火がついた。

どうしてこんなに大事なことを、社長じゃなく専務が報告するんだ。

結局、従業員は使い捨てか。

そんな怒号が飛び交い、関根専務はほうほうの体で退場した。

「まずいな……」

辻と東郷が顔を見合わせる。その後、辻が財務状況を、東郷がＯＥＭ事業の撤退と人員削減に至る経緯を説明するが、会場のざわつきは一向に収まらず、混乱は増すばかり。

この混乱を鎮めたのは、続いて演壇に立った人事課長の大澤だった。最初はざわついていた会場は、徐々に静まり返っていった。大澤はあくまで静かな口調で、しかし誠実に社員全員に語りかけた。

「会社がこんな状態になるまで手を打ってこなかったことを、人事部からも謝罪します。ただ、会社に対し愛情と誇りを感じているなら、皆で一緒に沈んでいくよりも、どうすれば会社の存続に関われるかを、ぜひ考えてほしいのです。

会社を去っていく人には、今できる最大限の支援をします。残る人も去る人も一人も不幸にしません。社長と刺し違えてもその約束は守ります」

会場はいつの間にか、静寂に包まれていた。大澤の言葉に嘘はないと、会場にいる全員に伝わったと辻は思った。

大澤はすごいやつだ。こういう人間に社長をやってほしいものだ。

きっと東郷も同じ気持ちだろう。そう思って隣を見ると、こちらが恥ずかしくなるくらい東郷が号泣していた。

17 町の噂

「早期退職に応募したら退職金に200万円上乗せですって」

「200万円か。だったらそれもらってさっさと辞めたほうがいいな。大変だよ、200万円稼ぐのは」

「でも、大企業なら500万円とか1000万円とか色つけるっていう話ですよ」

「しょうがないさ。地元では有名でも、しょせん田舎の中小企業だしな」

「ですよね」

会社から徒歩5分くらいの場所にある定食屋で辻が焼き魚をつついていると、店の奥から店員と客のこんな会話が聞こえてきた。

集会から1週間、山陰パイプの人員削減は、街の人たちにとってかっこうの噂話のネタとなっていた。

ただ、それを深刻な問題と捉えている人は少ないようだった。地元の看板企業といっても、従業員以外の人にとってはしょせん他人事なのだ。

社内でも、しばらくは労働組合を立ち上げるとか、何人かがユニオンに駆け込むらしいとかいった不穏な噂が駆け巡った。ただ、どうやら人員削減をしないともたないくらい会社の財務状況が悪いらしいということが周知の事実となると、今度は割増退職金200万円が社員たちの話題の中心となっていった。

現金なものだな。

「すみません、お勘定ここに置きます」

辻は少しさびしい気持ちで定食屋を出た。

18　人事課長の苦悩

人事課長の大澤のもとには、各部署からの進捗報告が集まり始めた。

本当に大変なのはもちろん、ここからだ。各部門のマネジャーたちが個々にメンバーへの面談をするとともに、本当に必要な人材は是が非でも引き止めなくてはならない。

辻の財務部や東郷の営業部も例外ではなく、辻はシステム課長の朝日哲郎、東郷は東京支店長の松原大輔という直属の部下を、希望退職の対象の一人と考えていた。

朝日はもともと給料のわりに仕事が多すぎると不満を持っていたらしく、希望退職に応募しそうだという。

一方、松原は希望退職のことは微塵《みじん》も考えていないという。東京支店長の松原は常に大きな売上を上げ、社内のエースと目されていた人物であり、本人もそのように自負していた。

東郷からは「なんとかしてもらえないか」と泣きつかれている。さて、どうするか。

19　疑心暗鬼

「鷲巣部長、お話があります」

本社2階にある製造部のデスクで鷲巣が書類の整理をしているところに声をかけてきたのは、調達主任の光谷悠だった。

すでに退社時間をだいぶ過ぎ、2階フロアにはほとんど従業員はいない。

「俺、候補に入ってますよね」

鷲巣が顔を上げると、光谷の思いつめたような表情が目に入った。

「いえ、いいんです。はっきり言ってください。クビだっていいんです」

「何を言っているんだ？」

「サラリーマン向いてないんです。200万円もらって何か商売やります」

光谷がサラリーマンに向いていないというのは、あながち間違いではないかもしれない。周りに忖度せずにズケズケと発言する光谷を煙たがっている社員は多かった。ヤンキー上がりというもっぱらの噂で、確かにその鋭い眼光を見ると、その話は本当だろうと思わざるを得ない。

しかし、そんな光谷ですら、人員削減にはこれほどの不安を抱いているのだ。鷲巣はしばらくして、静かに口を開いた。

「逆だよ」

「逆ってなんですか。もう覚悟はできてるんですから」

「慰留のほうだ」

「慰留って」

「残ってほしいんだ。確かに上司にしてみたらお前はかなり扱いづらい。だが、いいものはいい、悪いものは悪いと上に忖度せず言える人間が、これからの会社には必要なんだ」

光谷の顔が輝く。

「よかった、実は部長、ホントは俺、辞めたくなかったんです。辞めてもこの街には他に大した仕事もないし。じゃあ辞めなくていいんですね。ありがとうございます。失礼します」

さっきとは打って変わって、光谷は飛び跳ねるように部屋を出ていった。

しばらくすると鷲巣はまた声をかけられた。

「あの、鷲巣部長、ちょっといいですか」

「今度は藤中君か」

製造課長の藤中英則が直立不動の姿勢で鷲巣の目の前に立っている。

「今度はってなんですか?」

「いや、なんでもない。で、どうした?」

「私はおそらく辞めるほうの人員に入っていると思うのですが、なるべく早めに教えてくれませんか。次の準備もありますので」

藤中は光谷とは対照的な真面目一辺倒な人物だが、上司に忖度せずに自分を貫くという意味では、やはり扱いにくい人材の一人だった。ただ、鷲巣はその能力を高く評価していた。当然、鷲巣の中ではいてもらわなくては困る人材だ。

「辞めてくれと言った覚えはないよ」

藤中は少し意外そうな顔をした。

「そうですか。社内のバランスを考えると、てっきり私だと思っていましたが」

「……辞めるつもりなのか?」

「考えています」

藤中は静かにそう言うと、すぐに荷物をまとめて帰っていった。仕事はとっくに終わっており、この話をするタイミングを見計らっていたのだろう。

藤中に辞められては困るが、おそらく彼ほどの人材なら、すぐに転職先も見つかるだろう。さて、どのように伝えればいいのか……。

そんなことを考えながら、鷲巣は改めて、人員削減が社員の人生に大きな影響を与えていることを痛感する。だからこそ、なんとしてもこの改革は成功させねばならない。

20 人事面談

人事課長の大澤と東京支店長の松原が、机を挟んで向き合っている。結局、大澤は説明のために東京支店に飛んだのだ。

「本当にひどい人ですね、東郷さんは。僕が希望退職に応募すると考えているなんて」

東京支店長の松原は40代後半。出身こそ山陰だが東京暮らしが長く、ずっと生まれた街から出たことのない大澤の目には、彼のすべてがあか抜けているように見えてしまう。

実際、普段は紳士的な態度を崩さない松原だが、この日は明らかに憤慨し、冷静さを失っていた。大澤は冷静な表情を崩さないように答える。

「松原さんは応募などするつもりはない、と……」

「だって、理由がないじゃないですか。売上だって悪くないのに」

それは厳然たる事実だ。しかし、大澤のもとには別の情報が数多く舞い込んできていた。

大澤は手元の書類を見ながら、やはり冷静な口調を崩さぬように話し出す。

「過去の記録を見ると、製造部との合意を反故《ほご》にした見積りを作成したり、上限を超える値引きをしたり……正直、社内ルールを軽視したスタンドプレーが目立ちます」

松原の目に当惑と恐怖の色が一瞬、浮かぶ。

「それは認めますよ。認めますけど、でも結局売上でしょ。ルールを守らなくてもお釣りがくるくらい、売上持ってきてると思うんですけどね」

大澤はあえて、話を変えた。

「松原さん、この人員削減がひと息ついたら、会社は新体制になります。これまでのように独断で動くのは難しくなり、染みついたスタイルを大きく変えてもらう必要があります」

松原が、今度は明らかに動揺した様子を見せ、少し黙り込む。

確かに、本社から離れているのをいいことに、やりたい放題やってきたことは事実である。会社に言えないこともいくつか抱えていた。

「でも、それで数字が下がったら会社だってマイナスじゃ」

「評価システムも３６０度評価に変わります。数字さえ上げていればいい、というわけにはいかないと思います」

「いや、ちょっと待ってください」

「もちろん、どうされるかは松原さんのご判断ですし、納得のいく選択をしていただければと思います。松原さんほど営業力のある管理職はそうそう見つかるものではありません」

松原は再び黙り込む。

CXのリアル・ノウハウ9

希望退職とは「悪」なのか?

倒産してからでは遅い

ここまでのストーリーにおいて、希望退職が行われた企業の悲喜こもごもを見てきた。会社とはこれほどドライなものなのかと怒りを覚える人もいるかもしれない。

しかし、社員全員の雇用を維持することに拘泥《こうでい》した結果として、会社の再生が不可能となり、倒産してしまったらどうなるのか。全社員がその瞬間から路頭に迷うことになってしまう。そうなってからでは、再就職支援施策を打つことも容易ではない。

会社にまだ体力があるうちであれば、割増退職金を支払い、場合によっては再就職支援施策をつけることができる。応募した社員は、これをきっかけに新たなキャリアのスタートを切り、会社に残ることを選択した社員は、会社と自身の次なる成長に向けて新たな一歩を歩みだすことができる。

これこそがまさに全体最適であり、「何もしなかった結果、結局全員が不幸になる」のは、いわば怠慢であり、不誠実の極みなのである。

繰り返しになるが、会社にキャッシュがなくなれば、希望退職という選択肢すらとれなくなってしまう。それは肝に銘じる必要がある。

21 人事課長のけじめ

居酒屋「水木」の個室で、辻、東郷、鷲巣、大澤が静かにグラスを合わせる。

最初こそ混乱したものの、人事部の、特に大澤の大車輪の活躍もあって、３カ月で人員削減はほぼ完了した。もちろん、これからまだまだ事務処理等は残っているが、大きな山を越えた安堵が全員の表情に現れていた。

「こんなにスムーズに事が進んだのは大澤さんのおかげです。本当にありがとうございました」

辻があらためて頭を下げる。

「今回の働きで、次は人事部長間違いなしだな」

東郷の舌も滑らかだ。

「これから新たな人事制度も作らなきゃならんだろう。期待してますよ」

鷲巣も今夜は珍しく口数が多い。そうした評価を笑顔で聞いていた大澤だが、ふいに口を開いた。

「鷲巣さん、せっかく期待していただいて申し訳ないんですが」

「ん、どうしました、何か不都合でもありましたか？」

「実は僕、山陰パイプを今月で辞めるんです」

「え！」

辻、東郷、鷲巣がいっせいに驚きの声を上げる。

「最初から決めていたんです、人員削減が終わったら辞めるって。50人も辞めてもらって、自分だけ残るっていうのも、なんだか寝覚めが悪いっていうか」

「辞めてどうするんですか？」

「まだ決めていません」

辻の質問に大澤は明るく答える。

辻は大澤を引き止めようとして、その言葉をぐっと飲み込んだ。彼の表情を見る限り、決意は固い。そして、その決意があったからこそ、この仕事を成し遂げることができたのだろう。

しばらくの沈黙のあと、辻も努めて明るい表情を作り、言った。

「そうなんだ。さびしいけど、とりあえず200万円入るから、それでしばらく旅行でもして人生を考えるのもいいかもしれないな。大澤さんまだ若いんだし」

「ありがとうございます。でも、僕、今回の希望退職に応募するのではなく、普通に退職しようと思っているんです」

「え、なんで、もったいない！」

　東郷が大声で叫んだ。

「人事のこだわりっていうか、カッコつけたいんですよ」

　その言葉を聞いて、東郷が再び感極まって泣きそうになっているのがわかった。代わりに鷲巣が言う。

「大澤さんはまさにサムライだな。よし、今夜は大澤さんの門出を祝う会にしよう。乾杯だ」

「乾杯！」

　鷲巣の掲げるグラスに辻、東郷、そして大澤が自分のグラスをぶつける。

22　最後の対決

かくして人員削減は一つの山を越え、あとは事務的な手続きを経るだけとなった。

このタイミングで、辻、東郷、鷲巣、そして太陽銀行の須田が社長室に報告に訪れた。

結局、ほとんど何もしなかった社長の二階堂は、彼らを評価していいのか叱責していいのかわからないといった微妙な表情で迎え入れた。

「人事部の大澤さんの協力もあって、人員削減は無事完了しました。それから、ＯＥＭ事業からの撤退を受けて、組織体制もこのように新しくします」

辻が新しい組織図の書かれた用紙を、二階堂の机に広げる。

「この結果、会社の固定費が約〇〇万円減るため、今期はＯＥＭ事業分の売上が減るものの、経常利益は〇〇万円の黒字が見込めます。太陽銀行さんにもすでに報告し、評価をいただいています」

辻の説明が終わると、黙って聞いていた二階堂が、副社長の有野のほうを向いて憎々し

図12 組織Before-After

げに口を開く。

「ふん、好き勝手やりやがって。だがな、会社の贅肉を落として筋肉質にすることくらい、コンサルタントに言われなくても俺だって考えていたんだよ。なあ、有野君」

「ええ、そのとおりです」

「まあ、今回は太陽銀行の顔を立ててやろう。コンサルティングフィーも払ってやるよ」

ここで太陽銀行の須田が軽く一歩踏み出し、二階堂の顔をじっと見る。その表情の強さに二階堂もぎょっとしたように須田の顔を見返す。

「ありがとうございます、二階堂社長。ただ、当行としては、ＣＸが完了したとまだ認めるわけにはいきません」

「なんだと。これ以上何をしろというんだ」

須田は二階堂から目をそらさず、はっきりとした口調でこう告げる。

「役員の刷新、そして社長の交代です」

二階堂は思わず椅子から立ち上がった。

「当行がこれからも御社と良好な関係を築いていくには、二階堂社長に退いていただかなければなりません」

「バカな、何を言っているんだ」

二階堂は怒りに震える声で叫ぶ。しかし、須田はあくまで冷静さを崩さない。

「山陰パイプがこれからもこの地で存続し、繁栄していくためには、新しい時代を見据えた経営をしていただかなければなりません。失礼ですが二階堂社長では、21世紀の経営は無理だというのが当行の判断です」

須田と話していてもらちが明かない。二階堂が周囲を見渡すと、辻と目が合った。

「辻、なんとか言え。お前もそう思うのか？」

「はい、ここにいる三人で何度も話し合いました。グローバル化やＩＴ化といった新しい流れに対処していくには、やはり新しい経営陣でなければ難しい。それが私たちの総意です」

「それじゃいったい誰が次の社長をやるというのだ？」

辻と鷲巣が東郷を見る。

「東郷が、社長？」

あまりの衝撃に、二階堂が黙り込む。辻が続ける。

「検討チームでも、これからの事業運営において誰が適任かという議論をしました。また内々に社内の声も拾いました。その結果、新社長として東郷さんを推す声がいちばん大きかったのです。東郷さんは社内の人望も厚いし、長年営業畑で活躍してきて、時代を読む力もあるし、行動力も申し分ない。多少数字に弱いところはありますが、それは私たちがフォローしていきます」

「当行も東郷さんなら問題ない、むしろ最適だと思っています」

二階堂は意気消沈して崩れるように椅子に座る。その横では有野が何かを言いかけるように口をパクパクしている。

しばらくして、東郷が一歩踏み出して言った。

「二階堂社長、私たちは社長を排除しようとしているわけではありません。できれば会長として残っていただき、未熟な自分をご指導いただければありがたいと思っているのです」

「……それは本当か、東郷」

「もちろんです」

鷲巣が言葉を続ける。

「私は二階堂社長に誘われて入社しました。今は感謝の言葉しかありません」

さらに辻も何かを言いかける。

「なんだ、辻」

「あの、会長を引き受けていただけるなら、役員報酬も現在と遜色ない額で、社長室は会長室として今までどおり使っていただけるようにします」

その言葉に、二階堂は深く息を吐いた。

「バ、バカヤロー、そういうことは早く言え。お前はまったく気が利かねえな」

「あの、私はどうなりますの、辻さん」

有野が恐る恐る口を出す。

「有野副社長は監査役として残っていただく予定です」

「席はあるのね、ああよかった」

有野は二階堂と顔を見合わせ、ホッとした表情になる。

それを見て、辻、東郷、鷲巣、須田もホッと息をつく。

CXのリアル・ノウハウ10

組織再編を成功裏に進めるために

なんのための組織再編か？

今回の山陰パイプの組織再編は、「機能重複の解消」「機能再配置・新設」を主眼として行われたものである。

組織も年齢を重ねていけば、非効率を生んでいることが多くなる。よく見られるケースとしては、長らく古い組織体制を維持していたがゆえに、事業実態に適さない形となっている、継ぎはぎ的に機能を「足し算」するだけで「引き算」をしなかったがゆえに、結果として個々の機能があいまいになっている（似たようなことをいくつもの部署で行う等）、戦略ではなく時流にならって頻繁に組織変更を行ってきたがゆえに、機能が必要以上に分散している等である。

このケースではまさに、この二つ目の状況になっていたと言えるだろう。類似機能が複数部門に分散し、個別部門の責任があいまいとなっていたり、必要以上に細分化されていたり、一方で独立して存在すべき機能が不在であったりといった状況である。

部門が多いためにその分だけ管理職が必要となり、また、横連携も困難になっていた。２２５ページの組織図を見ればおわかりいただけるように、今後の事業展開を見据え、抱えている不具合を解消せんがための組織改編を行ったわけだ。

「誰を置くか」は社員に対する明確なメッセージ

ハコは整理したとして、では「座布団に誰を座らせるのか」は、同じくらい重要だ。ハコは整っていても中身が伴っていなくては意味がない。

このケースでは、ＣＸの議論を進めていくにあたり多くの社員と関わる中で、次代を担うのが営業部長の東郷であるということが徐々に見出されていったわけだが、それはおそらく、会社が当初考えていた後継者人事とはまったく異なるものだっただろう。それは当然と言えば当然で、このようなワンマンな会社では、「トップの指示を黙って聞く（あるいは飲み込む）社員が優秀」とされ、意見具申をするような社員は重用されないからだ。ただ、会社が転換期を迎えている中では、忠実なる作業者は価値を生まない。

今回のケースのように新たに見出された次世代幹部候補を枢要なポジションにつけつ

つ、部門長等の若返りを図ることで、会社から社員への改革メッセージを明確に出すことになるのだ。

なお、このケースでは社長・副社長を退陣させているが、ポイントは、金融機関の力を借りつつも最後は社員たちが自らの力でワンマン社長と勝負しているところである。肩書きと一定の経済的条件を提示しつつ、影響力を排除すべくきっぱりと一線を退かせる。そんな「ラストサムライ」の心意気が必要とされるのだ。

23 新社長就任演説

「それでは、東郷信吾新社長のご挨拶です」

司会がそう言うと、いっせいに拍手が起こる。

その中を、少し緊張した面持ちの東郷が登壇する。

「えー、このたび山陰パイプ三代目の社長を仰せつかることになりました東郷信吾です。といっても、なにぶん急なことだったので、まだ実感が湧きません。

この会社を、ちょっとやそっとでは倒れない、従業員のみんなが安心して働けるような会社にしてから、次の社長に引き継ぐのが、私の使命だと思っています。

といっても、初めての社長業ですから、右も左もわかりません。だから、たくさん勉強します。

私の取柄は、知らないことを臆面もなく、知らないと言えることです。知らないことは恥ではない、知らないのに知っているふりをすることが恥なのだと私は思っています。皆さんにもいろいろ質問すると思います。そういうときは嫌がらずに、できるだけ丁寧に教えてください。

　あ、忘れていました、これを言わなきゃ。山陰パイプの新しいスローガンを考えました。『技術で支えて歴史を作る』。山陰パイプの最大の武器は技術です。いたずらに売上を追うのではなく、この技術を駆使して付加価値の高い製品を作っていきましょう。よろしくお願いします」

　飾り気のない東郷の挨拶に、再び大きな拍手が湧き起こった。

　これまでの、人の話などいっさい聞かないワンマンの二階堂とは180度逆の東郷を、従業員は明らかに歓迎していた。

　会社の雰囲気が変わった。

　辻が鷲巣のほうを向くと、いつも仏頂面の鷲巣が笑顔を浮かべていた。

24　オーパスワン

　太陽銀行の応接室のソファに座る南条の前に、須田がワイングラスを置く。

「南条さん、お疲れさまでした。約束どおりオーパスワンを用意しました。まずは祝杯をあげましょう」

二人はグラスを合わせる。

「先日、大昭和出版の石原と飲んだときはあいつ、オーパスワンをおごってくれなかったんだよ」

南条は同じテニスサークルの同級生の名前を挙げる。須田ももちろん、石原のことはよく知っている。

「それにしても、仕事のあとのワインはいいね。ところで須田。辻さんに聞いたんだが、二階堂社長の前で『結果が出なかったらコンサルティングフィーは太陽銀行が払う』って啖呵切ったそうだな。よくあの頭取がそんなこと認めたな」

「まさか」

「えっ」

「銀行がそんなこと認めるわけないじゃないですか」

「じゃあ、俺がしくじったら……タダ働きだったってわけか」

さすがの南条も開いた口が塞がらなかった。

「南条さんがしくじるわけないじゃないですか。最初に山陰パイプの資料見たときもう、

『これはＯＥＭからの撤退と人員削減と社長の更迭だな』って課題を見抜いていたし。でも、それを頭ごなしじゃなくて、ちゃんと従業員に気づかせ自分たちでやらせるあたりがにくいですね」

「彼らも大変だっただろうけど、でも成長したと思うよ」

「新社長はどうです？」

「これからだけど、東郷さんは何より、いちばん大事な熱いハートを持ってる」

「南条さん、しばらく山陰パイプのコンサルに入るんですって？」

「ああ、ビシビシ鍛えるから、半年もしたらいい社長になってるよ。お代わりもらえるかな」

窓の外には夕焼けが広がり、遠くに小さく山陰パイプの工場の煙突が見える。

――第２部　完――

第3部

会社を変える、会社が変わる

今、なぜCXなのか？

先日、とある会社の経営企画部長から切実な相談を受けた。「うちの会社、今はそこそこ利益が出ていますが、市場が縮小していくことが目に見えていて、10年後は正直厳しいんです。ただ、経営陣にその危機感がなく、どうやったら会社を変えることができるでしょうか」というものだった。まさに第1部『「斜陽産業」からの脱出』で起こった事そのものである。

出版業界だけでなく、環境対応に大きく影響を受ける自動車の内燃機関系や石油化学系素材、デジタル化の波をもろに受けるメディアやオフィスの間接業務系など、他の業種にも同様の事態がリアルに起こりつつあるのが現状だ。〝ゆでガエル状態〟とは使い古された言葉ではあるが、生身の人間においても実際に病気になるはるか手前において、今まで長年やってきた生活習慣を変えることはとても難しい。同様に会社においても危機が顕在化しない状態で、これまで栄華を極めてきたやり方を変えるのは、よほどのことがない限り厳しいのが現実だ。

いや、個々の人間が集団になって組織を形成するからこそ、一人ひとりのインセンティブや感情があいまって余計大きな慣性となるため、生身の人間の意識改革よりその闇はもっと深い。大昭和出版の例においても、発行部数の減少といったファクトを突きつけられているにもかかわらず、「景気がよくなるのをじっと待つのが肝要」などといった無理やりのロジックが堂々と主張される。読者の中には、「こいつらバカじゃないか、早いうちにさっさと手を打てばいいだけじゃないか」と考える方もいらっしゃると思うが、いまだ多くの「伝統的な」企業において、似たような景色によく出くわすというのが、私たちが見ているリアルワールドだ。

近年、デジタルトランスフォーメーション（DX）を標榜する企業が多いが、DXの本質もトランスフォーメーションであり、今あるやり方を何かに変えるということだ。今あるやり方を変えるということは、今のやり方で勝ち馬に乗っている組織・個人にとって必ず不都合が生じるということだ。つまり、DXを進めるうえでCXはコインの裏表であり、CXなくしてDXは成しえないというのが、私たちの結論だ。

では、危機が顕在化したらどうなるか？　会社でいうと、いわゆる再生案件という段階に進む。不採算の事業（この場合、事業そのものでなくとも顧客や製品、拠点などさまざまな単位がある）をやめる、余剰となった人員に希望退職を募る、残った事業で返せるレベルにまで借入金の一部を金融機関にお願いして免除してもらう、結果として株主価値は大きく棄損し株主に迷惑をかける、といった具合だ。

ただし、ここまでいくと、抜本的に手を入れないと残す道は清算しかないので、もはや全員が観念し、変革に反対する人はいなくなる。一方、本書に掲載した二つのケースはその手前の段階にあるが、この時点において「この先、絶対にダメになる」という証明をすることは無理だ。だから「景気の悪いときに浮足立つな」とか「経営にはなんの問題もない。すべて順調だ」といった反論を合理的に否定することができず、結果、声の大きい人の主張がまかり通ってしまう。

ＣＸというのは、こうした状況に陥るはるか手前、ピーター・ドラッカーの言うところの「すでに起こった未来」から読み解き、誰もが負け戦と観念するかなり前のタイミングで、果敢に会社・事業を変革していくことだ。

ポイント1「戦い方の変革」

では、具体的にどのような点に留意してCXを進めていくべきか。読者の皆さんはすでに事例パートでだいぶ理解が深まったものと思うが、ここで改めて体系的に示したい。

一つ目のポイントは、戦い方の変革だ。事例1のように現状延長の世界観のみではジリ貧が目に見えている状況において、既存頼みの「連続的な変化」ではなく、相当ドラスティックな変革を行う「非連続な進化」を織り込んだ事業転換をどう描くか、ということになる。

具体的に言うと、既存事業においても収益性を高める改善活動を粛々と進めつつ、新たなる次の事業の柱を立ち上げていくという、書籍『両利きの経営』の中で「深化と探索」として述べられていることの愚直な実践である。詳細は当該書籍に譲りたいが、これはごく普通のことに見えて、実際にやり遂げるにはいくつものハードルが存在する。

著者はそのハードルの高さを3段階で考えている。ハードル1は、既存事業は縮小していくもののある程度は存続し、それ以外の分野で新たな食い扶持《ぶち》を立ち上げていく場面だ。既存事業と新規事業ではまったく違う組織能力が求められることが多いのだが、一方でお互い違う地平での事業展開になるため、会社全体に与えるストレスはまだ少ない。富士フイルムが銀塩フィルム事業の衰退を見据えて、化粧品や薬品といった新たなる分野を確立したのが好例といえる。

ハードル2は、既存事業に先行き不透明感がある中、その既存事業をぶっ壊して新しい事業を立ち上げることが長期的な事業価値向上目線で必須となる場面だ。事例1の大昭和出版が近いケースで、既存事業の責任者は（往々にして責任感が強いケースも多いため）、なんとしても再成長の軌道に乗せる絵を描くべくファイティングポーズを崩さない。また、多くの場合、こうした既存事業は会社にとっての主力事業でもあり、会社の中でいちばんデカい顔をしている人たちの巣窟なので、その事業をひっくり返すことは並大抵ではない。

『両利きの経営』では、ビデオレンタル大手だったブロックバスターとネットフリックスを対比する形にて、このジレンマをいかに乗り越えるべきかが語られている。さらに歴史を遡《さかのぼ》れば、インテルが業績不振だったメモリ事業からＭＰＵ事業へ大きくピボット（事業転換）し、従来型の垂直統合モデルから水平分業モデル（「インテル入ってる」モデル）へと大きく構造転換したことも象徴的な例として挙げられる。

ハードル３は、特に会社として単体事業のケースが多いのだが、その事業そのものの存続可否が問われており、もはや単独での生き残りは不可能（と客観的に見ると判断される）な場合だ。まだ企業として体力があるうちに、自ら売り手となって合従連衡を進め、自社のユニークネスが生きる提携先と最強のコラボレーションを実現するほか道がないことが多い。

ただしハードル２と同様、体力のあるうちはいくらでも希望的観測を込めたリカバリープランを描けるので、経営者として適切なタイミングでその判断を下すことは、相当に難易度が高い。

近年では、自動運転やＥＶ、コネクテッド化などの非連続な変化が進展し、その投資規模がどんどん大きくなっている自動車業界、特にサプライヤー側において、こうした攻めの合従連衡が起こり始めている。自らの看板を下ろしてでも勝ち馬に乗って持続的成長を遂げるか、あくまで自前主義にこだわり徹底抗戦するか、難しい判断が迫られる。

ポイント2 「組織の形の変革」

二つ目のポイントは、組織の形の変革だ。アップデートされた戦い方がうまく機能するよう、組織の形も変容していくということだ。

組織体制については、機能別や事業別、マトリクス型などさまざまな形態があり、いわゆる正解はない。あくまで事業を最も効果的・効率的に運用するには現時点でどれがベストかで判断し、事業変容とともに組織形態も柔軟に変えていく機動力が求められる。誤解を恐れずに言うと、組織の形というのは振り子のようなものなので、どちらかに振れればいずれそのデメリットが出てくる。いずれまた逆方向に振り返すことも必要となる。

戦い方の議論とは異なり、組織の形の議論はリアルに組織の中に手を突っ込むことになるので、今のハコの形の中で大手を振って歩いている人たちの相当な抵抗にあうことが多い。

たとえば、これまでの機能別の組織体制から事業軸へと移行するというケース。まさに第1部の大昭和出版がこれに当たるが、この場合、これまで偉かった営業本部長の武田や製造本部長の加治の権限は、極論すればなくなることを意味する。特にこうした方々は経験も長く年長者であることが多く、ＣＸに際して代替わりをお願いしなくてはならないこともあるが、すんなりと物事が運ぶケースは多くない。

実際、戦い方の変革に関しては誰もが大いに賛成なのだが、組織の形の話になったとたん急に検討にブレーキがかかったり、今ある組織を前提として戦い方を中途半端な形に逆行させたりといったことは往々にして起こりうる。さらには、それぞれの新部門長が自部門にエースを集めようとするといった個別最適の動きも見られたりと、新旧既得権の権力闘争が至る所で起こり始めるのが組織の形の変革だ。

突き詰めていえば、これは事業という経済合理性を中心に考えるべきことと、人の既得権といった極めて情緒的な部分との相克である。ここは当事者でなく客観的立場で物事を見て判断できる人間、多くの場合は経営トップが、あるべき姿に忠実に大英断を下すほかない。

あらゆる人の話を聞いて落としどころを見つけるような方法に、解決の道はない。

ポイント3「人材の在り方の変革」

三つ目のポイントは、人材の在り方の変革だ。戦い方が変われば、必要な戦力も変わってくるという当たり前の話だが、現在のメンバーシップ型の雇用体系を前提とすると、ここはいちばん変革が難しい部分でもある。

たとえば自動車業界においてエンジニアといえば、メカ（機械）、エレクトロニクス（電気）が社内の序列でも圧倒的であった。しかし近年のＣＡＳＥの波に乗ろうとすると、ソフトウェアの重要性がどんどん増してくる。メカやエレキはわりと経験蓄積がモノを言う世界なので、年功序列・メンバーシップ型人材モデルとの相性は極めて高い。一方、ソフトウェアの領域は、経験より現在が旬である技術をどれだけ実装できるかであり、要は若い人たちに分があることが多い。経験蓄積・年功序列モデルとの相性はあまりよくないわけで、こうした人たちに旧来型の仕組みを無理にはめ込もうとすると必ず不整合が起こり始める。

さらに言うと、車の設計思想自体もこれまでのような個車ごとの作り込みの世界からモジュール化によるプラットフォーム型へと進んでいる、つまりは、大量のメカ・エレキの人員リソースが過剰となってくることを意味する。リスキリングはもちろんどんどん進めるべきだが、ある一定の年齢を重ねた人たちであれば、これまで蓄積してきた経験・スキルを活かせる活躍の場を見つけてあげるほうが、本来はその人たちのためになるのではないだろうか。

こうした人員削減に踏み込む意思決定を行ったのが、本書第2部の山陰パイプだ。本ケースでは、競争力がなくなるまでOEM事業の問題を放置していたのが苦境の根源であり、「人員削減なんて冗談じゃない。従業員はみんな仲間じゃないですか。辞めてくれなんて僕は言えません」という山陰パイプの社員の言葉は真実であろう。

一方で、その決断は本当に従業員のことを慮《おもんぱか》ってのことか、という厳しい問いを考えてもらいたい。戦い方が変われば必要な人材像も変わってくる。もちろん、その活躍の場を社内で作ることも一つの選択肢ではあるが、それができない場合は、社外の選択肢も見据えてその人の人生を壊さない道筋をつけてあげることが、本当の意味での情ではないだろうか。

山陰パイプの例ならば、本来はOEM事業の競争力が残っている時点で、強い補完関係が見出せる先との事業統合を検討すべきだった。多くの従業員がこれまでの経験・スキルをよりいっそう活かせ、かつ事業の持続的な成長もさらに見込めるということに鑑みれば、一見非情に見えるが実は本当は情の厚い決断ということになる。

一方、攻めの視点で見ると、今後必要となる組織能力や人材に関してはどんどん強化する必要があり、短期的には外から補ってくるほかない。この手段としてＭ＆Ａを用いることも多々あり、近年、日本メーカーがＩｏＴの世界を見据えてグローバルのソフトウェア企業を買収する事例などはこれに当たる。

また、Ｍ＆Ａまではいかずとも、経験者を外部から採用するケースも増えてきている。この場合、「当社の給与テーブルに合わない」とか、「年次からするとまずは課長ポジションで」みたいな話になりがちだが、あくまでその人の市場価値・期待役割に対して正当な評価をすべきである。

以上をまとめると、組織の中での人材の多様化・流動化を織り込んだ人事制度や企業文化を構築することが急務だということがわかる。ただし、これもあくまで「両利き」であり、伝統的なものづくりのように引き続きメンバーシップ型のほうが相性のいい機能もあり、一方で新規事業等プロ型集団を集めて一気呵成《かせい》に攻めたほうがいい機能もある。

つまり、人材育成の要であるキャリアパスや人事制度、評価や報酬といった点において、画一的な仕組みでなく、複数の選択ができるようにアップデートするということだ。会社全体、特に人事部門には相当なストレスになるが、ＣＸを進める上での重要なポイントの一つであることは間違いない。

また、働く側にとっても会社に寄りかかるのではなく、自立した個を確立していくことが必須となるだろう。

ポイント４「経営インフラの変革」

四つ目のポイントは、経営インフラの変革だ。二つの事例で示した通り、事業実態の徹底した見える化と、それらに基づいたＰＤＣＡを廻し、合理的な意思決定ができる仕組みを作り込むということだ。

どこの会社でも毎月、事業状況を数値で報告し、軌道修正をかけていく会議はやっていることだろう。要は、それをいかにアップデートしていくかという問いである。

近年、株主価値という言葉も普通に使われるようになったが、戦後長らく日本は、メインバンク制により企業経営が支えられてきた。いわゆる貸し手によるガバナンスだ。この視点からは、収益性を見る経常利益と健全性を見る自己資本比率が経営指標の中心となる。いまだ多くの企業で損益計算書（ＰＬ）を中心に経営が回っているように見えるのは、その影響があるのではないかと思う。

しかし、稼ぎこそがすべての出発点であることは間違いないが、はたしてそれだけでよいのだろうか。

再び自動車業界の例になるが、自動車部品は量産開始までの開発コストを長い時間をかけて回収していくという、ライフタイムの事業モデルになっている。しかも会計上の損益より、むしろ実際に突っ込んだお金が返ってくるかといったキャッシュのほうが重要だ。また、売り切り型の事業モデルからサブスクリプションを軸としたサービス型への転換等を行うと、これもまたライフタイムでのキャッシュフローモデルになり、かつ当初の顧客獲得には先行投資が必要となるので、期間損益は沈むケースが多い。

こうした事業モデルへと進化させようとする際、事業計画はこれまで通り、台数×単価が中心、サービスは「その他」で一緒くたに括られている、といったことでは、指標として機能不全を起こしてしまう。

つまり、戦い方・組織の形が変われば、重要経営指標（KPI）もおのずと変わるべきなのである。「どれだけ稼ぐか」だけでなく、「どこで稼ぐか」（最初の売り？　ライフタイムの収益？）という視点も必要であり、かつその稼ぎが当社の資源配分にとって適切なのか、資金提供者の目線に合っているのか、というリターンの視点も必要だ。最近はROIC（投下資本利益率）を用いてこれらを見える化している企業も非常に多くなってきている。

それらROICを事業特性、また個々の部門の特性を踏まえて、それぞれに紐づく形でツリー展開し、事業活動との整合を図っていくことが、ますます重要になってきている。

ポイント5「経営ガバナンスの変革」

最後のポイントは、経営ガバナンスの変革だ。日本では2015年にコーポレートガバナンスコード（CGC）が制定されたため（2021年改訂）、変革の道筋は明確になっているが、問題は本当にその道筋に沿っているか、という点だ。

著者が留学している際、多くのCEOの方の講演を聞く機会があったが、皆口を揃えて、取締役会のことを「ｍｙ ｂｏｓｓ」と呼んでいたのが鮮明に記憶に残っている。

ＣＧＣにおいては、取締役会の監督機能を強化し執行と分離することが求められるが、監督機能の重要な一つに執行トップである社長の選解任がある。特にここで述べたいのは、選任のほうである。

経営人材も「経営職」といった立派なジョブの一つであるという認識を持ったほうがよい。つまり、人によって適性があるということと、その適性を踏まえてかなり長い時間軸をかけて育成していかないとその職にはなれないということだ。

各機能部門の長、各事業部門責任者とはその役割がかなり変わってくるので、その人たちが年功的に順番にトップになる、という世界観はもはや通用しない。だが、著者も取締役会の諮問委員会としての指名報酬委員として実際にこうした選任に携わってきているが、システマティックに「ＣｘＯ」を育成して透明性高く指名していくというプロセスは、浸透しているとは言えないと感じている。

これもまじめにやろうとすると、１年後・３年後・５年後くらいの時間軸でどういった人材プールがいるのか、さらにそれらの時間軸ごとに会社の戦い方はどう変容しているのか、その前提でＣｘＯに求められる人材像はどう定義されるのか、それをどのように具備させていくのか、といったかなり長い目線での育成計画の策定が必要となってくる。

ある会社では将来の経営者候補200人をリストアップし、経営メンバーで半期に一度モニタリングをかけ、特にトップ層の人員配置については社長の専権事項としている。つまりそれだけ経営トップが本腰を入れていかないと、経営職は作るのが難しくなっているのが現状だ。

二つの事例から得られるヒント

ここからは、改めて本書の二つの事例を振り返りながら、ＣＸのポイントや難所などを論じていきたい。共通する要素として前述の五つの変革点があることは事実だが、会社それぞれの状況により、その濃淡は異なる。

第1部『「斜陽産業」からの脱出』――社員が大企業を動かすとき

本件の大きな論点は、主力事業が右肩下がりで抜本的な事業構造改革に手をつけなければ未来はない、ということだ。また、いわゆる古くて大きなカイシャということで、オーナー企業でもなければ誰かが強いリーダーシップを持っているわけでもなく、合議制で物事を進めていく形であり、結局のところ経営に対して長い時間軸で責任を持っていると思われる人物が不在の状況であった。

ここで経営企画部長の石原が意を決して改革に突き進んでいくのだが、ご案内の通り社内の多くの抵抗、具体的には既得権を持っているボスたちの抵抗にあう。これは多くのサラリーマン型組織において四六時中起こっている風景で、たとえ誰かが改革案を言い出してもどこかで潰されてしまう、もしくは角を丸くされてしまう。

それらの抵抗に打ち勝ち改革を進める上でのカギは、石原たちも行ったように「見たくない現実」を全員で直視・共有することである。「この事業は儲かっているはずだ」「わが社の屋台骨だ」といった議論はかなりの確率で感覚論であることが多く、そのためにも断片的な情報を紡いで一気通貫に見える化することには大きな価値がある。

このケースでは、かつての上司であった吉岡などを周到に味方につけたことも大きい。やや平時モードのタイミングで改革を声高に叫んでも、「ただのKYな奴」で終わってしまうリスクもあり、常日頃から社内でのシンパ作りは欠かせない。

結果として、上記の五つの変革ポイントでいえば、「戦い方」「組織の形」「経営インフラ」に大きくメスを入れたことになる。物語はここで終わるのだが、リアルストーリーにおいては、実はここから先の実行展開も難易度が高い。現場の人間にしてみれば、経営層以上に今のやり方に慣れきっており、現状肯定バイアスがことさら強いからだ。

たとえば、事業部制に変わっても機能組織時代の昔のボスにいちいちお伺いを立てに行ったり、KPIを変えてみても実際の進捗会議では旧来の指標を重点的に説明・議論してしまったりと、現場レベルの行動様式を変化させるのはまさに我慢比べである。「真の敵は中にあり」とおっしゃられた著名な経営者がいるが、変革の度合いが強ければ強いほど、その実行に当たっては根負けしない粘り強さが求められる。

何より本件最大の見せ場は、大企業組織の中で一介の部長が変革に立ち上がり、ついにはCXの端緒を開いてしまったという点だろう。こうした全社レベルの変革はトップダウンで進みがちと思われるだろうが、石原のように強い問題意識を持ったミドルから始まった事案は枚挙にいとまがない。ミドルリーダーとしての心構えや立ち居振る舞いについては、拙著『ダークサイド・スキル』（日本経済新聞出版：2017年）をご参照いただきたいが、「どうせ私の立場じゃ何もできない」と腐ることなく、その意思とやり方さえ間違わなければ、誰にでも「変革のリーダー」になる機会はあると思ってもらいたい。

第2部『ワンマン企業を「普通」の会社に』――目先だけではない温情を

本件の問題は社長の二階堂の放漫経営であるのは言うまでもないが、その根底にあるのは事業ポートフォリオマネジメントと経営インフラの課題である。

山陰パイプは、祖業である工業用パイプと売上規模の大きいOEM事業の2本柱で経営が行われていたが、OEM事業は実はまったく利益が出ていなかったという状況であった。問題は、コンサルタントの南条が入るまで、この収益構造になぜ気づかなかったのかということだ。

大昭和出版の例でもおわかりのとおり、会社規模の大小を問わず、適時適切な形で収益構造を見える化し、事業（場合によっては製品や顧客、地域など）ポートフォリオを機動的に回している会社は、そう多くはない。もちろん、見える化といった科学的な経営インフラが整っていないという根本的な問題もあるが、むしろ情緒的な問題でポートフォリオ管理が進んでいないケースも多い。「あの事業は会長肝入りで始めたので、やめるわけにはいかない」「当社のOBが多数転籍しているので、誰も手は出せない」といった類のものだ。

こうした理由により合理的判断が遅れた結果が山陰パイプの状況であり、こうなるとドラスティックな構造改革を行うほか手段がなくなる。ただ、この時点での山陰パイプはまだそうした荒療治を行う企業体力が残っていた。もしあと数年経っていたらもはや打ち手もなくなり、より多くのステークホルダーに多大なる迷惑をかけてしまっただろう。

「撤退などせずに事業をリカバリーさせる」「当社は家族経営だ」といった話は綺麗ではあるが、昭和20年夏の敗戦のように、もはや何も打つ手なく多くの不幸を生んでしまう可能性が高い。事業や組織の新陳代謝は「あくまで合理的に極めて早く決断し、その実行は一人ひとりの社員にできるだけ温情を持って」行うべきである。

山陰パイプのＣＸにおいて、メインバンクである太陽銀行が重要な役目を果たしていることもポイントの一つだ。オーナー系中堅企業では強いオーナーの意向によるトップダウン経営のスタイルが多い。もちろん、オーナーの経営力が盤石な場合は意思決定の速さや果断な決断などよい点も多いが、今回のように暴走モードに入ると誰も手がつけられなくなる。つまり、こうした企業体においていかにガバナンス機能を働かせるのかということだが、取り巻きは皆イエスマンということにならないよう、銀行ガバナンスを利かせたり、口うるさい社外取締役を入れたりなど、さまざまな工夫が必要だ。

山陰パイプのCXにおける次なる課題は、やはり10年先を見据えて工業用パイプ事業をいかに飛躍させるか、という点だろう。グローバル化やIT化といった言葉が出てきていたが、新経営陣のもと、非連続な変化の成長の絵を描いていかなければならない。

以上、二つの事例についてポイントをまとめてみた。サラリーマン企業とオーナー企業、大企業と中堅企業といった違いはあるが、本質的には経路依存性が強く、現状肯定バイアスから抜けきれていないといった共通点がある。しかし昆虫の脱皮さながら、自らの意思を持ってCXを進めない限り、現状延長の先に未来はないと言って過言ではない。

CXの落とし穴と成功の秘訣

大昭和出版と山陰パイプはCXがうまく進んだ事例であるが、実際のところこのように見事に進んでいくことは稀である。以降、CXの落とし穴と成功の秘訣について述べていきたい。

まずは、サラリーマン型企業においての落とし穴について考えてみたい。ご案内のとおり、基本的な意思決定メカニズムはボトムアップ型であり、よほどうまく権力を掌握した稀有な例を除いて、社長といえども必ずしも一存で物事が進められるわけではない。

今回、部長の石原もいろいろな抵抗にあった。一般的にこうしたボトムアップ型の改革の場合、以下の三つの落とし穴にはまるケースが多い。

ビジョンの欠如

このまま現状延長のままに事業を進めていってもジリ貧になるとはわかっていても、「じゃあ10年後、私たちはどうありたいのか?」という絵が描けない、もしくはコンセンサスにならないといったケースは多い。

こうした状況においては、かなり長期的な視点から市場や競争環境がどう変化していくかを仮説ながらも定義し、その中で自分たちがどのようなポジションを取るのか、どういった付加価値を提供していたいのかを見定め、そこに向けて今からやるべきことを考えていく「バックキャスト」というアプローチを取るべきだ。

このアプローチの難しいところは、将来のことなんて誰も明確な答えを持っていないので、議論が発散してなかなか収束しないことだ。特にボトムアップ型でコンセンサスを取ろうとしても、各部門の利益誘導的な未来像のぶつかり合いとなってしまい、結局今とあまり変わらない角の取れたオチになってしまう。やはり、誰か強いリーダーが自分たちなりの世界観をエイヤで決める必要がある。もちろん将来にわたっていくつかの重要な分岐点はあるだろうが、大きな石を置かないことには議論が始まらない。

もっと悲惨なケースはそうした議論を進めようと音頭を取ったにもかかわらず、結局、現在から未来を見てしまう「フォアキャスト」のアプローチから抜けきれないケースだ。「5年後、市場はどうなっているでしょう?」という問いに対して、「機種Aの販売台数は20%伸びて単価も5%値上げして……トータル売上XX億円を目指す」みたいな話だ。有り体に言うと、「事業戦略」と「数値計画」は別物だ。将来の市場・競争環境の変化を見据えた戦い方を構築することと、台数×単価にて数値を見積もることは、大きな違いがある。

おそらくかつての大昭和出版も含め、多くの会社の中計は、大半が数値計画に留まっている。従って、将来どうありたいか、どこでどのように戦って、どのような付加価値を社会・顧客に提供していくのかといった大きな方向性を決めない限り、議論は堂々巡りになる。

抵抗勢力の反撃

大昭和出版の例では、営業本部長の武田と製造本部長の加治が大きな抵抗勢力となった。石原に対して上から目線で恫喝をしかけたのがその象徴だろう。非連続な変化をするということは、今のやり方で天下を取っている人にとって不都合な方向に進むこととほぼ同義になる。誰であっても自分の築き上げてきたものが壊されることを快く思う人はおらず、結果として死に物狂いの抵抗を見せてくるのは、人間の性として仕方がない部分もある。実はオーナー企業によるトップダウン型の改革においても、役員層を中心にこうした激しい抵抗はしばしば起こる。

しかし、今回の役員検討会におけるような劇場型の抵抗はまだいいほうで、実際はいわゆる「静かなる抵抗」で、牛歩戦術などもっとタチの悪いことが往々にして起こる。上には「方向性としては賛同します。一方、当面の間は既存顧客との関係もあり……」とうそぶき、部門内には「上はああ言ってるけど、やはり売上死守も至上命題なので今のやり方はなるべく変えるな」といった指示を出したりと、遅々として進んでいかない。それらは皆、一応、もっともらしい合理的な反論ではあり明確な否定ができないため、結局は最後に根負けして押し切られてしまうということになりかねない。

こうした抵抗勢力は、自分たちの考えが正義であると信じて疑わず、改革派の言っていることが間違っていると二元論で捉えてしまう。筆者も、武田や加治のようにしたり顔で抵抗を示す方々に何度直面しただろうか。こうした観点からも、取締役会だけに限らず執行チーム陣においても、外部人材を含めた多様性の確保は喫緊の課題である。

両手バラバラな両利き経営

これまでまったく運動習慣がなかった人が、毎朝のジョギングを習慣化したと考えてみよう。この場合、開始当初は逆に疲労が蓄積して免疫力が落ち、体調を壊しやすい状態に陥る。これを会社にたとえると、非連続な変化による改革を進めようとした場合、一時的に効率性が落ち、結果として収益性が落ちるといったことになりかねない。

ここで、特に現場層は現状肯定バイアスが強く、「やっぱり元のやり方のほうがよかった」という揺り戻し作用が強く働いてしまうため、こちらも粘り強さがないとどこかで根負けしてしまう。

しかしもっと深刻な問題は、『両利きの経営』にあるとおり、探索領域を立ち上げるには相応の投資が必要だが、その体力がないがために途中で腰折れになってしまうことだ。この探索領域への投資原資は、既存事業すなわち深化領域の余剰キャッシュにて賄うほかない。つまり、いずれ縮小していくであろう深化領域でもできる限りしっかりと稼ぎ、探索領域が収益を稼ぎ出してくれるまでの間は全社を支えていかなければならない。

これは、既存事業担当部門にとってみれば、相当のストレスになる。自分たちで稼いだお金の一部が他部門の成長のために使われてしまい、自分たちの成長投資に回せなくなるからだ。

結局は本業の稼ぐ力が両利き経営のエンジンになるわけで、だからこそ深化領域がしっかりと稼げているうちに次の仕込みを行わないといけないということだ。

実はその先にも大きな落とし穴が待ち構えている。それは、出版業界がそうであったように、これまでの稼ぎ頭だった深化領域の市場衰退だ。ここで本来やるべきは、深化領域の新陳代謝をなるべく早い段階で仕掛けていくことなのだが、多くの場合この領域は会社の中心であり続けていることが多い。こうなると、「この事業を再生しなくては」といった呪縛にとりつかれ、今度は探索領域で生み出したキャッシュを深化領域の延命のためにつぎ込むといったお金の逆流が起きてしまう。かつてのカネボウが化粧品事業のキャッシュを祖業の繊維事業に充てたことや、ダイエーがコンビニではなく祖業のGMSに傾倒してしまったことなどがその最たる例だが、やはり適切なタイミングで事業ポートフォリオの新陳代謝をかけていくことは、ことほど左様に容易ではない。

次に、山陰パイプのようなオーナー企業でのCXの落とし穴について考えていきたい。社長の二階堂のように、オーナー企業の場合一般的には独裁政権のケースが非常に多い。特に地方中堅企業の場合、地元の名士としての期待を一身に背負い、かつ一族揃ってその会社に寄りかかっていることも多く、その責任たるや相当のプレッシャーだ。ただ、そのプレッシャーがよい方向に働くか、二階堂のようにやや暴君化するかは資質によるところが大きい。

こうしたオーナー企業におけるCX推進においては、以下三つの落とし穴が典型的だ。

自信過剰

トップダウン型経営の場合、基本的にはすべての情報はトップに集約され意思決定を行っていく形となる。そのため、会社の中でいちばんよく事業を理解しオペレーションについても精通しているのが社長ということが多い。つまり「私がいちばん詳しい」との自負で、結果として誰の言うことも聞かなくなる。特に、創業オーナーの場合にその傾向が顕著だ。

問題は、その度が過ぎて社内外のステークホルダーからの親切なアドバイスにもまったく聞く耳を持たなくなってしまうことだ。二階堂のように、（おそらく）ろくすっぽ事業もわからず暴君化してしまうケースとは違い、多くの場合はかなり論理的かつ合理的に経営を行っていることが多く、それが問題をよりいっそう複雑化している。

一見、かなりロジカルに戦略を立て、事業運営を行っているように見え、外部からの指摘に対しても決して感情的にならず論理的に穏やかに反論してくる。そのため、社長と同等レベルの深さで議論ができないと論破・説得するのが難しい。社長室と報酬だけ保証してくれればＯＫ、という二階堂と違い、本人も会社や事業への強い思い入れのもとに極めてまじめに経営を行っているので、なかなかその自覚が持てない。いわば「善意の暴走」である。

ＣＸを強力に推し進めていく上で、トップの強い意思決定力が強力な推進エンジンになることは言うまでもない。一方、果たしてその方向性は適切か、進め方は妥当か、というそもそも論に関して、誰かが異論を挟むことはまずない。つまり、強さと謙虚さをどうバランスさせるか、そこが重要となる。

イエスマン集団

トップが強ければ強いほど、部下たちはモノを申し上げにくくなる。否定や反対意見についてはなおさらだ。社長の取り巻きは副社長の有野のように、太鼓持ちを忠誠心高くできる人間ばかりになってしまう。

これは、二階堂のような暴君の場合のみならず、前述した「善意の暴走」に走ってしまう知的オーナーの場合にも起こりやすい。経営会議では形式的には各責任者が活発に議論を交わしているのだが、腹の中の本音は「オーナーの意のまま」なので、やや寸止めの意見が最も重宝される。そして、最後の最後は「おっしゃる通りでございます」で決着なのだ。

この落とし穴のいちばんの課題は、「決める・判断する力」が部下の人間にまったく備わっていかないということだ。極論すると、ナンバー2の副社長でさえ何も決めることはない、できないといった状況もありえる。

オーナー社長が急逝し、次の代がいない、もしくは若すぎるということで、長年仕えてきた忠臣から中継ぎ経営チームを組成するケースが時折あるが、平時の前例踏襲型のオペレーションモードならうまく機能するが、有事の危機対応や初めての事象などにおいてはほとんど機能しないことが多い。そもそもそういった経験を積んでこなかったので、ある日突然「決めろ！」と言われても、本人にとっては「突然言わないでよ」な心境なのである。

効率的な事業運営と人材育成とはトレードオフであるのと同様、強い意思決定と次世代リーダーの意思決定力の養成もまた、ある意味トレードオフであり、そのバランスについては、事業特性などに応じて丁寧に組み上げる必要がある。

改善改良天下一品

そうしたオーナー企業における、その他役員の主たる仕事は、「連続的な進化」領域における着実なオペレーションの推進である。いわゆる「改善改良」分野だ。

改善改良とは、有り体に言えば問いが与えられているような問題が多い。「いかに原価を下げるか」「いかに重量を軽くしながら安全性を高めるか」といった類で、英語で言うとＨｏｗから始まる問いだ。

これらの問いは、基本的にはまじめにコツコツ積み上げると、正解にたどり着ける。ここがオーナー企業の腹心にとっての活躍の場であり、筆者自身も精緻なオペレーションやマイクロマネジメントを泥臭く推し進める現場のリーダー層によく出くわす。

一方、改革分野とは「どこへ向かうのか」「何を取捨選択するのか」といった、英語で言うとWから始まる問いが多い。自ら問いを立てる能力が求められ、かつ、正解もはっきりわからない問いがほとんどだ。オペレーション人材はこうした能力を身につける訓練をまったく受けていない。その結果、全社を挙げて10年後の戦う姿を議論するような機会において、現場リーダークラスの議論がなかなか広がらなかったり、現状延長の「フォアキャスト」のみで終わってしまうことがよくある。

こうした現場においては、変化の兆候、すなわちＣＸに取りかかるべき兆候にまったく気づかなかったり、気づいていてもそのまま放置するケースもあり、トップが気づいたときには時すでに遅しのケースもままある。

いくら強い皇帝がローマに君臨していても、辺境の地での蛮族との戦いの切迫感まではリアルにはわからない。やはり現場のリーダーがいち早く変化の兆候に気づかなければ、そうした企業におけるＣＸの初動は、どうしても遅れてしまう。

ここまで紹介してきた落とし穴の話は、そのほとんどがトップや現場リーダー層のマネジメント能力や意思決定力、さらには現場層の改革意識などを含めた、人材や組織能力に起因するところが大きい。だからこそ、常日頃からそうした組織能力を具備するよう仕掛けを行っていかないと、綺麗な戦略があるだけではＣＸは進まない。

同時に、そうした会社のいちばん奥深い企業文化や組織能力にまで手を突っ込んで大改革するということをしなければ、長期的・持続的な会社・事業への変容は成しえない。

成功のための５カ条

次ページのフレームワークを見てもらいたい。こちらは、拙著『管理職失格』（日本経済新聞出版：２０２０年）にて紹介したものだが、トップ層、及びミドル層の改革意識に基づき組織能力を診断するものだ。

トップもミドルも改革志向が高い「変革型組織」におけるＣＸは、さほど難しくはな

図13■組織能力診断

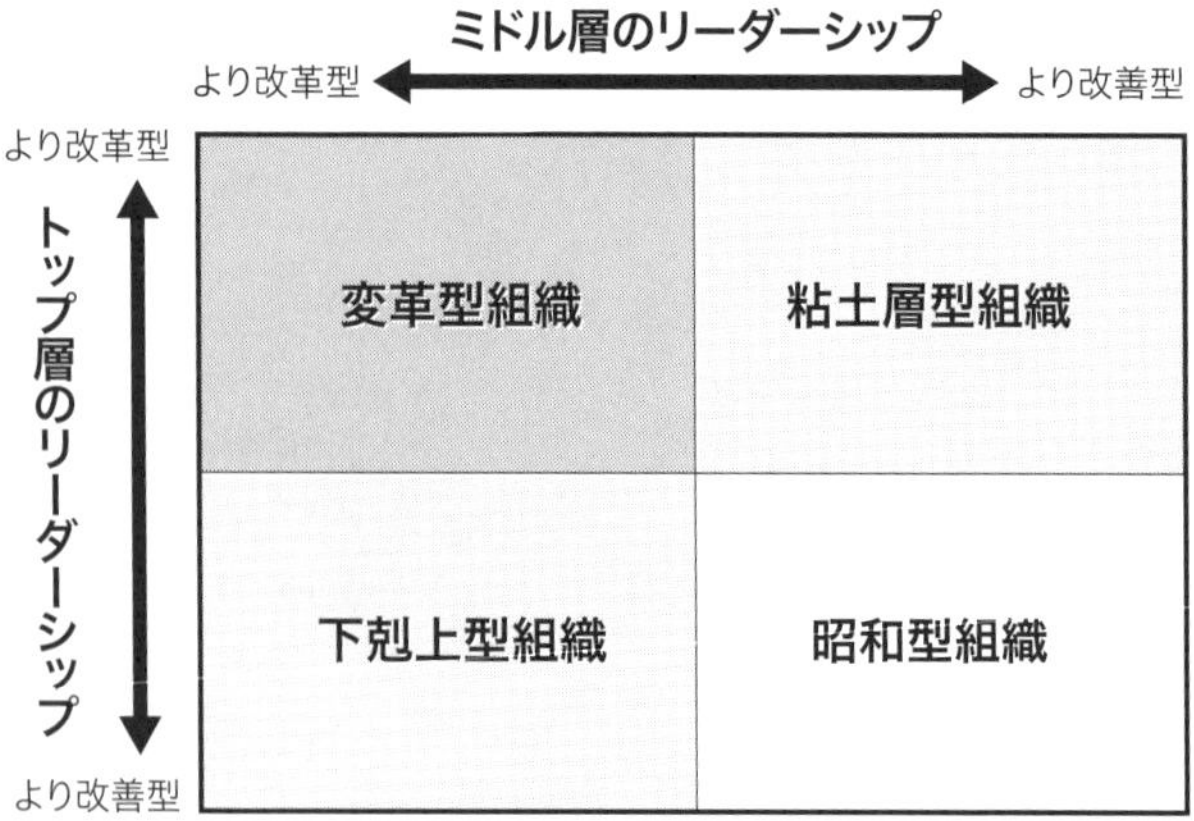

出典：『管理職失格』（日本経済新聞出版）

い。むしろ変革志向のOSがすでにビルトインされているので、わざわざCXみたいな大仕掛けを行わずとも、日常的にトランスフォーメーションが行われているような状況だ。

　今回の大昭和出版も山陰パイプも、左下の象限である「下剋上型組織」における改革例であった。この場合、実際のケース同様、必ずと言っていいほど横やりが入る。大昭和出版のようなサラリーマン型組織において、それでもなお途中で頓挫することなく変革を進めていくためのカギは、なんといっても「トップの強いコミットメント」だ。この例では宮本社長がハシゴを外さず、最後の最後は味方についてくれたことが決定打であった。

抵抗勢力の反撃に屈しない唯一の方法は、トップが必ずＣＸを成し遂げる強い信念を持ち、決してぶれないということだ。全社レベルのＣＸであれば社長、大企業であれば場合によっては事業部門長がその役回りになるが、彼らが日和見的な態度を取ったがために掛け声倒れになったケースは多い。

ミドル発でＣＸを進めようと画策した場合、なんだかんだいってトップ層の巻き込みが重要なのである。時間をかけた根回し（というよりむしろ腹落ち感の醸成）こそが成功の秘訣となる。

一方、オーナー企業やトップに難ありの場合、山陰パイプの事例のごとく「誰が鈴をつけるか」が、大きなカギとなる。地方企業の場合はメインバンクの力を借りるのは、常套手段としてよく用いられる手だ。今回のケースのように銀行側からトリガーを引くケースが多いが、社内の心ある有志からこっそりと銀行に状況をリークし、お願いするケースも時折見受けられる。また、ある会社のＣＸにおいては、大口取引先がそのトリガーを引いたこともあった。事業・財務の健全化を図らないと取引停止、という強烈なイエローカードの発出だった。

また、トップ層は改革志向が強いものの現場層が現状肯定派といった「粘土層型組織」の場合、南条のような外部人材の活用も含めて、現場層に入り込んで地上戦を戦い抜くゲリラ部隊の組成が欠かせない。経営トップに近づくに従い現場層の動きや考え方が見えなくなってくるので、同じ地平で物事が見え、かつ与党の立場で行動ができる分身の数を増やす必要があるのだ。

以上のように、組織能力の違いによって経営トップ・現場としてやるべきことの差異はあるものの、ある程度共通した要素としてCXを進める上での成功のポイントを、以下の5カ条としてまとめてみたい。

1　トップダウンで進める体制を作ること

非連続な変化は、ある意味組織の中に線を引くこととなる。ボトムアップ的なアプローチでは決して収束しないので、トップが権限委譲した少数精鋭のチームによって検討を進める。

2　関係者を巻き込みすぎず、少人数で検討して決断すること

全社を挙げての改革プラン検討となると、すべての部署の関係者が一堂に会し、総勢30名のプロジェクトメンバーによる検討会議などといった極端なケースも、特に超大企業の場合には遭遇することがある。繰り返しになるがCXは、全員合意の世界観ではない。検討メンバーは絞り込んで、私利私欲なく全社最適かつ長期目線で検討できる体制構築が必須だ。

3　実務に通じた若手メンバーを巻き込むこと

変革プロジェクトの組成にあたり、部長・本部長クラス数十人がリストアップされることがよく起こる。かなり視座の高い議論ができる半面、実務がわかっていない人も多く、具体的なアクションプランになると議論が進まないといったことに陥りやすい。しかも構造改革のように組織・人材に相応の引き算を行う場合、実務に精通したメンバーがいないと、オペレーションへの影響が判断できずに中途半端になる懸念もあるため、高い視座を持ちつつ現場を理解しているメンバーの参画は必須となる。

4　構造改革は妥協せず、とことん切り込んでやり抜くこと

これは山陰パイプのケースで説明した内容と重複するので詳細は割愛するが、生半可な情をかけようとするほど、かえって将来へ向けた傷口は深くなってしまう。コマツの改革を主導した坂根正弘氏が「構造改革は1度きり」と明言したように、やるならスパッとしっかりとやり抜くことが、再成長へ向けて禍根を残さないことになる。

5　責任者の役割・権限を明確に定義し、強いオーナーシップを持たせること

大昭和出版の石原や山陰パイプの辻は、誰からも指示されることなく将来を案じて改革への道筋をつけた。一方、トップ主導でCXを進めるケースで少数精鋭チームを組成した場合、そのチームにどこまでなら任せてよいのかを明確化し、それを全役員に対して発信する必要がある。サラリーマン的なやっつけ仕事にならずに、チームに主体性を芽生えさせることが、骨太の改革案を作る原動力となる。

逆回転を許さない〝腹決め〟と〝仕組み作り〟、これこそ成功の秘訣である。

「さあ、CXを始めよう」――そのとき、どこから手をつけるか

「うちの会社もこのままではまずいけど、ただいきなりCXって掛け声かけても誰も乗ってこないだろうな」と思われている読者の方も多いだろう。そこで最後に、具体的にCXはどうやってスタートすればよいのか、という疑問にお答えしたい。

実際には、「CXやろう！」といって始まることはなく、きっかけとしてはいくつかの「とっかかり」がある。大昭和出版の場合は事業の戦略転換であったし、山陰パイプの場合はやや再生モードのV字回復シナリオ構築だった。

1 長期視点からのポートフォリオ改革

長い目線で大きな市場・競争環境、さらには産業構造の変化が見えているようなケースで、この先どのように戦っていくのかを議論の起点とするもの。先に述べた自動車産業やグリーンイノベーション関連、デジタル化の波を大きく受けるヘルスケアやメディアなどの業界にて、これらの議論は活発に行われている。事業部門側からすれば、将来の変化は

あるが目先のドンパチに勝たなければ未来はないということで、どうしても足元の話に終始してしまう傾向が強い。そこを深く切り込んで、事業・事業ポートフォリオの将来像をトップダウン的に描くアプローチだ。

たとえば、あるBtoBの産業機器メーカーにおいて、これまでの売り切り中心の事業から、顧客サイトでの稼働状況から得られるデータを利活用してのソリューション型、囲い込み型への事業モデル転換の検討があった。この場合、事業転換の方向性を踏まえると、おそらく組織の形はサービス側を起点とした顧客群ごとの括り、人材としてもAIやシステム構築に長けた人材の大幅な強化、さらにKPIは期間損益のPLよりむしろライフタイムでの投資回収モデルへと変化するといった具合に、どんどんCXが進んでいくということになる。

2　既存収益力の磨き込み及び拡大

こちらは、不採算な事業や拠点があり、その影響が全社収益を大きく押し下げているような状況で、小手先の改善施策でなく、抜本的な収益構造改革の計画策定と実行に着手するといったケースだ。

山陰パイプのＯＥＭ事業はもはや打つ手なしの状況だったが、それより遥か前の段階であればどうであっただろうか。もし回復余地があるのであれば、早めの荒療治が必要となる。筆者もこの観点から中国事業全体や全社売上の７割近くを占める主力事業の収益構造改革などを手がけたことがあり、特にコングロマリット型の大企業において、よく用いられるアプローチである。

多いパターンは、本社側から「ＸＸ事業の立て直しをよろしく」と話が来るケースだが、前に述べたように、事業側としてはまだまだファイティングポーズを崩さず現状ベースの改善でなんとかなると主張する。ただ、本社側はもっと抜本的に手を入れろと指示を出し、議論が真っ二つになることが多い。この場合もやはりトップが日和《ひよ》らず方向を打ち出さなければ、トランスフォーメーションは進んでいかない。

個別事業のトランスフォーメーションが起点ではあるが、その先に全社レベルのＣＸとつながっていくケースも多い。たとえば、なぜこのような状況になるまで不採算事業が放置されていたのか、ポートフォリオ管理やＫＰＩ経営ができていないのではないか、といったように話が広がっていく感じである。

3　両利き探索からの出島展開

既存事業のピボットというより、次なる事業の柱をゼロベースから立ち上げていこうというパターンだ。もちろん自社の持つ強みをフックとしていくケースが多いが、事業構想を描き、足りないパーツはM&Aで取り込むというケースもある。ベンチャー企業投資などがこれに当たることが多い。特にデジタルを活用した新規事業等の場合、これまで自社の中にある組織能力や人材スペックとはまったく違ったものが求められることが多い。

そうした組織能力獲得や人材育成に向けては、既存の枠組みとまったく違った仕組みを構築することが必須となる。そこで、まずはこうした新しい仕組みや制度を「出島」で試してみる。たとえば、とても才能あるプロ人材といえど、本体側で年収数千万円を払うことには大きな抵抗がある場合、出島となる子会社や投資先に配属してそれだけの年収を支払えば、さほど大きな抵抗は受けないことが多い。

リーダーの人選にも注意が必要だ。本人は主流派として出世を考えているような人なら、決して出島での成功を快くは思わないはずで、そのあたりの選定も慎重にやったほうがいい。出島という対応は、むしろ傍流を歩んでおり、既存の枠組みでは息苦しいというような異端児のほうが向いているのは言うまでもない。そして最終的には出島でうまく機能したやり方について本体へ還流させ、本体のCXへとムーブメントを起こしていく。

4　買収後の経営統合をトリガーとした改革

前述のベンチャー投資のように異文化を一部取り入れることよりさらに踏み込み、大きな事業統合・経営統合を行う過程で、一気呵成にCXを進めていこうというケースだ。なぜこれがCXにつながるのか、ということだが、理想的には統合に当たりゼロベースであるべき事業、あるべき組織体制、あるべき仕組みを描き、それに合わせて徹底的な筋肉質化を図っていくからだ。

筆者もこうしたCXに関与することは多いが、ここでも抵抗勢力の反撃が随所に見られ、なかなかうまくいかないケースが多い。それぞれの部門が「個別最適でなく全体最適の効率性重視」には大賛成だが、一方、個別の議論になると自分たちの縄張りには一切手をつけさせない。結局、効率化どころかかえって非効率化を招く悲劇だ。

本来、トップの鶴の一声でどちらかに思い切り舵を切るほかないのだが、「もうちょっと現場ですり合わせてくれ」と丸投げしてしまう日和見なトップの場合、結果として声の大きいもの勝ちといった形に着地してしまう。「短期間で統合を急ぐとかえって不協和音が生まれるから、時間をかけて徐々に融合していこう」というもっともらしい言い訳を何度聞いたことか。そもそも「たすき掛け人事」なるものがこの趣旨に反している。

ただし、この壁を越えることができれば、事業統合・経営統合は会社の中に大きな非連続を生むのには絶好の機会である。

5　企業再生からのV字回復の道筋

山陰パイプの状況をもう少し放置してしまった場合、もはや自分たちの稼ぎ（＝営業キャッシュフロー）で固定費と債務を賄うことができなくなり、結果としてステークホルダーに多大な迷惑をかけながらの金融支援を含む再生案件へと進んでしまう。こうなるといわば死に体の状態なので、この段階で改革反対と叫ぶ人たちは少ない。

こうした再生案件において気をつけなければならない点は、中長期目線をどれだけ持てるかということだ。山陰パイプのように収益力のある事業にフォーカスし、それに足りうるまで固定費や負債等を絞り込むようなシナリオは比較的スムーズに進む。問題はそこから先、どういった飛躍の絵が描けるかといった点だ。

飛躍の絵に関しては不確実な部分も多く、明確な正解があるわけではないので、またぞろ社内の権力闘争の火種になったりしかねない。しかし、ここでまた気を抜いてしまうと、これまでやってきたやり方に逆戻りしてしまう懸念がある。決して手を抜かずに一気に駆け抜けることができるか、これは山陰パイプの東郷新社長に課された課題でもあることは、言うまでもない。

6　ガバナンス改革＋ガチンコ次世代リーダー育成

２０１５年のコーポレートガバナンスコード（ＣＧＣ）制定に伴って、取締役会改革に多くの会社が着手している。ＣＧＣの趣旨に照らせば、取締役会の本質的機能は、社長以下執行部の監督、すなわちモニタリングボードであることは異論の余地はない（マネジメントボードとしての機能をどこまで内包するかは一定の議論の余地はあるが）。

それを前提とすれば、取締役会とりわけ社外取締役にとっての重要な責務は、ＣＥＯの選解任であり、特に選任については長期的なサクセッションプランの構築と運用が欠かせない。これまでの社長の専権事項とは１８０度違った形での仕組みとなる。

横並びで形式基準を合わせることが得意な日本企業では、多くの上場企業で任意の指名委員会を導入している会社が多い。カギはこの仕組みをうまく利用して、ガチンコリーダー育成の仕組みをうまくビルトインできるかどうかだ。詳細は前にも述べたが、これらを進めていくうえでは、「中長期的な時間軸での自分たちの事業の在り方」「そこで必要となる社長の能力」「現在の社長候補プールの作成」「個々人のスキルセットの棚卸しと社長能力のGAPの把握」「GAPを埋めるための育成プラン、アサインメント」「これらがセットでPDCAが回る仕組みの構築」を同時に行っていくことが必要で、結構なストレスがかかることは間違いない。人材育成は人事部、ということではなく、事業部門も含めてマネジメントチーム総がかりで取り組むべき重要アジェンダであり、CXへの波及効果は計り知れない。

以上、大きく六つの「とっかかり」を述べたが、すべてはその入口の喫緊の課題に本気で向き合えるかどうかの勝負だ。本気で向き合えば、必ず改革のドミノ倒しは起こる。このドミノ倒しの流れに抗う人たちとの闘争は不可避ではあるが、根負けせずやり通せば必ずや長期的・持続的成長を実現する会社・事業にたどり着くであろう。

ＣＸのその先にあるもの

この二つの物語は、この先どうなっていくのだろう。大昭和出版での書籍からデジタルコンテンツへのシフトは思うように進むだろうか。山陰パイプはいったんしゃがみ込む形になるが、果たしてその先の飛躍へとつながっていくだろうか。

読者の皆様もすでにおわかりのとおり、ＣＸは一時的に組織全体、すべての人たちに相当のストレスをかけるのは間違いない。ただし、これは一過性のものではなく、ＣＸ後の組織とは、いつでも「事業・機能の新陳代謝を能動的・機動的に行える」組織であり、今後は定常的な心地よいストレスを感じる会社へ変わっていくことを意味する。「改革疲れ」という言葉をよく耳にするが、決して一休みすることなく駆け抜け続ける先に、大昭和出版や山陰パイプ、いや読者の皆様の会社の未来がかかっている。

どんな立場の人であれ、どんなきっかけであれ、強い信念を持てばＣＸへの道は拓けるはずだ。多くの日本企業がＣＸを通じて生まれ変わり、将来世代に明るい未来のバトンを渡せる社会を期待し、本書を締めたい。

本書第1部、第2部のストーリーパートはすべてフィクションであり、
登場する人物・団体名などは実在のものといっさい関係ありません。

PHP
Business Shinsho

木村尚敬（きむら・なおのり）
㈱経営共創基盤（IGPI） 共同経営者（パートナー）マネージングディレクター
慶應義塾大学経済学部卒、レスター大学修士（MBA）、ランカスター大学修士（MS in Finance）、ハーバードビジネススクール（AMP）
ベンチャー企業経営の後、日本NCR、タワーズペリン、ADLにおいて事業戦略策定や経営管理体制の構築等の案件に従事。IGPI参画後は、製造業を中心に全社経営改革（事業再編・中長期戦略・管理体制整備・財務戦略等）や事業強化（成長戦略・新規事業開発・M&A等）など、様々なステージにおける戦略策定と実行支援を推進。
IGPI上海董事長兼総経理、モルテン社外取締役、りらいあコミュニケーションズ社外取締役
Japan Times ESG推進コンソーシアム アドバイザリーボード
グロービス経営大学院教授、大学院大学至善館特任教授
主な著書に『ダークサイド・スキル』（日本経済新聞出版）、『修羅場のケーススタディ』（PHPビジネス新書）などがある。

小島隆史（こじま・りゅうじ）
㈱経営共創基盤（IGPI）マネージングディレクター
慶應義塾大学法学部卒、ジョンズ・ホプキンス大学高等国際問題研究大学院国際関係論修士（MA）、ペンシルヴァニア大学ウォートン校修士（MBA）
コーポレイトディレクション（CDI）に参画後、国際金融公社、Pöyry Management Consulting（現AFRY）への出向、CDIパートナー兼CDI Asia-Pacificディレクターを経て、現在に至る。
製造業、IT、エネルギー、サービス業及び非営利組織に対する経営戦略立案・長期にわたる実行支援を推進。また、製造業のサービス化による循環型経済への変革、環境・エネルギー産業、社会的企業の支援に尽力。
グロービス経営大学院教授、大学院大学至善館特任准教授

玉木　彰（たまき・あきら）
㈱経営共創基盤（IGPI）共同経営者（パートナー）
マネージングディレクター
京都大学経済学部卒。防衛省にて政策立案や法令改正、省昇格業務に従事した後、ブーズ・アレン・アンド・ハミルトン（現PwCコンサルティング ストラテジーコンサルティング（Strategy&））において官公庁、金融業、製造業、製薬業、不動産業等に対するコンサルティングを実施。主に成長戦略・事業戦略、業務改善、コスト削減等に従事。
その後、IT系企業の戦略コンサルティング部門を経て、IGPIに参画。IGPI参画後は、多様な規模・ステージの企業に対し、企業再生・事業構造改革から成長加速まで、ハンズオンでの実行支援も含めて強力に推進。

PHPビジネス新書 452
企業変革（CX）のリアル・ノウハウ
修羅場の経営改革ストーリー

2023年1月13日　第1版第1刷発行

著　　者　木村尚敬
　　　　　小島隆史
　　　　　玉木　彰
発行者　永田貴之
発行所　株式会社PHP研究所
東京本部　〒135-8137　江東区豊洲5-6-52
　ビジネス・教養出版部　☎03-3520-9619（編集）
　普及部　☎03-3520-9630（販売）
京都本部　〒601-8411　京都市南区西九条北ノ内町11
PHP INTERFACE　https://www.php.co.jp/
装　　幀　齋藤　稔（株式会社ジーラム）
組　　版　石澤義裕
印刷所　株式会社光邦
製本所　東京美術紙工協業組合

ISBN978-4-569-85349-9

「ＰＨＰビジネス新書」発刊にあたって

わからないことがあったら「インターネット」で何でも一発で調べられる時代。本という形でビジネスの知識を提供することに何の意味があるのか……その一つの答えとして「**血の通った実務書**」というコンセプトを提案させていただくのが本シリーズです。

経営知識やスキルといった、誰が語っても同じに思えるものでも、ビジネス界の第一線で活躍する人の語る言葉には、独特の迫力があります。そんな、「**現場を知る人が本音で語る**」知識を、ビジネスのあらゆる分野においてご提供していきたいと思っております。

本シリーズのシンボルマークは、理屈よりも実用性を重んじた古代ローマ人のイメージです。彼らが残した知識のように、本書の内容が永きにわたって皆様のビジネスのお役に立ち続けることを願っております。

二〇〇六年四月

ＰＨＰ研究所